나라도
내
　편이
되어야
한다

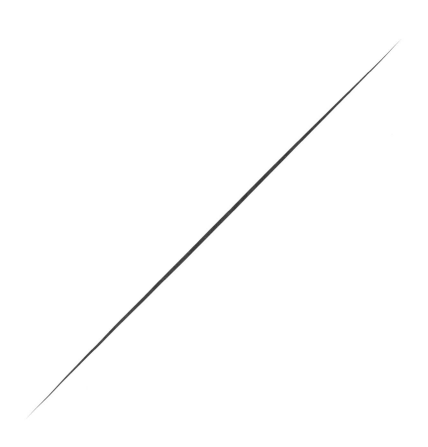

일 러 두 기

이 책에 나온 사례들은 이해를 돕기 위한 픽션입니다.

심리학회 상담심리사 윤리규정상 상담내용은 비밀을 유지합니다.

나라도 내 편이 되어야 한다

심리학자 마음달

어쩌면 지금,
나를 위한 심리학

메
카르북스

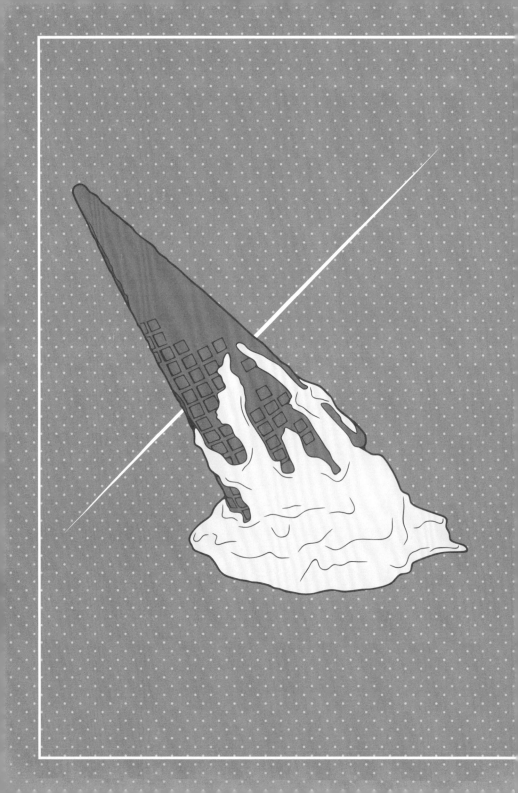

나 이대로도 괜찮은 걸까?

"나는·정상인가요?·비정상인가요?"

"내가·누구인지·나도·잘·모르겠어요."

"내가·가고·있는·길이·맞는·건가요?"

· · ·

상담실에서 자주 듣는 질문들이다.

지금 내가 잘 살아가고 있는지, 혹시 비정상은 아닌지 불안하고 염려스러웠던 적은 없었는가? 이럴 땐 누군가 속 시원한 답을 내려줬으면 좋겠다. 우리는 학창시절 수많은 과목들을 공부했으면서도 정작 자신에 대해 탐색해보는 시간은 가져본 적이 없다. 소크라테스가 '나 자신을 알라'고 했건만, 도대체 언제쯤에야 나를 다 알게 되는 건지 도통 알 수가 없다.

나는 심리치료사다.

심리치료를 생각하면 가장 먼저 무엇이 떠오르는가? 성장과정에서 애정을 주지 못한 부모 혹은 어린 시절에 그 원인이 있다며 과거의 기억을 파헤치는 것 정도로 생각할지도 모르겠다. 아니면 온몸이 꽁꽁 묶인 채 갇혀 있는 폐쇄병동 환자나 타인과의 관계에 문제가 있는 성격 장애자를 떠올리는 사람들도 있을 것이다.

하지만 심리치료는 과거에 머물러 있는 것이 아니다. 심리치료는 현재의 나를 온전한 나로서 살아가도록 도울 뿐이다.

일, 외모, 성격, 인간관계, 사랑, 가족 불화 등…… 상담실에 오는 이들 대다수는 일상 속 소소한 문제들에 대해 고민하는 사람들이다. 천 페이지가 넘는 정신질환의 진단 및 통계편람 DSM-5 어디에도 속하지 않는 정상적인 범주 안에서 고민하는 이들인 것이다. 단지 주어진 자리에서 열심히 살다가 에너지를 지나치게 소진해 어느 날 갑자기 장애물에 걸려 넘어진 사람들일 뿐이다.

증상은 이런 식으로 시작된다.

두근두근…… 갑자기 심장 소리가 크게 들리거나, 좀비처럼 표정이 점점 사라져가기도 하고, 뜬눈으로 밤을 지새우기도 한다. 젖은 빨래처럼 축 늘어져 있고 싶기도 하다. 이때 사람들은 자신의 마음을 들여다보는 시간을 갖지 못하고 그저 감정을 쉽게 해소할 수 있는 대체물로서의 알코올이나 게임, 쇼핑, 폭식에 빠지기도 한다.

아울러 '너 왜 이것밖에 안 되는 거야? 더 빨리 움직여야지!'라며 스스로를 채찍질하기도 한다. 그래도 변화가 없으면 몸의 이상으로 여기고 여러 병원을 전전한다.

반면 상담실에 오는 내담자들은 낯선 이에게 자신의 비밀을 털어놓는 위험을 감수하면서 적극적으로 문제를 해결하려 한다. 즉, 진정한 자신으로 살기 위해 심리치료를 시작하는 용기 있는 사람들이다. 몇 번의 상담 후 심장이 터질 것 같은 두근거림, 불면증, 무기력감이 사라졌다며 감사의 인사를 건네는 이들도 있다. 그러나 이러한 증상이 사라지는 것은 일시적인 효과일 뿐이다. 정말 필요한 것은 증상 이면에 숨겨져 있는 **내 마음의 소리**를 알아차리는 것이다.

어른이 되기 위해 청소년기에 몸의 성장통을 겪었던 것처럼
인생의 전환기에는 우리 모두 마음의 성장통을 겪는다.

어른이 된 당신이 지금 마음의 성장통을 겪고 있다면, 어린 시절부터 학습해온 경직된 틀을 벗어버리고 이제는 유연하고 안정적인 자신만의 관점을 찾는 것이 필요하다.

난 이 책을 '마음성장 프로젝트'라고 부른다.
이 책을 통해 당신이 스스로에게 질문을 하고 자신을 찾아가는 모험을 시작하게 할 것이다. 다양한 사람들이 일상에서 겪는 소소한 고민을 지켜보며 여러분도 스스로에게 질문을 던져보고 자신에 대한 새로운 관점이 생기기를 바란다.

이·책은,
당신을·위해·쓰여졌다.

마음달 심리학

차 례

제 2 장

오 늘 도 수십 번 흔들린 마음

제 3 장

내 일 에 게 나를 묻다

다른·사람의·말보다

우리의 · 독백이 · 중요하다

제 1 장

아직도
어 제 를
살고 있다면

어떤 이들은 현재의 삶이 힘든 이유가 과거의 어떤 사건 때문이라고 말한다. 과거 때문에 현재를 살아갈 수 없는 이유를 말하며 더 이상 한 발자국도 나갈 수가 없다고 한다. 우리는 과거를 통해 현재와 미래를 살아간다. 과거가 지금의 나를 있게 한 원동력이기 때문이다. 그러나 과거의 부정적인 경험에 내 삶이 묶여 있다면 과거를 재정의해야 한다.

어떤 이들은 '현재'는 보잘것없고 '과거'는 찬란하고 아름다운 시절이라고 말하기도 한다. 과거에 그들이 꿈꿨던 이상과는 전혀 다른 초라한 지금 이 현실을 견디지 못해 지난날이 아름다웠노라고 회상하고 있는지도 모른다. 이는 현재를 살아가지 못하게 하는 또 다른 이유를 만드는 것이다.

과거의 사건과 감정들에 얽매어 있다면 현재를 있는 그대로 살아가지 못한다. 과거의 일들은 과거의 일로 흘려보내야 한다. 지금까지 꼭 붙잡고 움켜쥔 과거의 기억과 아픔을 보낼 수 있는 용기를 가진 이만이 현재를 제대로 살아갈 수 있다.

부모에 대한
원망을 버리지
못할 때

"당신이 뭔가 잘못하거나 사랑받을 자격이 없어서
학대를 받은 것이 아니다.
당신은 충분히 사랑받을 만한 자격이 있으며
사랑스러운 사람이다.
그러니까 과거를 잊고 사랑받고 살아라."

드라마 〈킬미힐미〉에서 도현이 가정폭력 피해자였던 리진에게
한 말이다. 보자마자 가슴이 뭉클해져서 이 말을 꼭 전해주고 싶은 내담
자들이 떠올랐다. 카를 융$^{Carl Jung}$이 말한 **동시성**^{synchronicity}**의 원리**•때문인지
내담자들도 작가가 자기에게 한 말처럼 느껴졌다고 했다.

'해리성 정체감 장애'를 앓고 있는 도현은 여러 개의 인격을 갖고 있다.
해리성 인격 장애의 원인은 대부분 아동기의 외상 경험과 관련되어 있는
데, 아픈 기억으로부터 도피하기 위해 좋지 않은 기억들을 억압하고 다른
인격을 만들어내는 것이다. 도현 안에는 위험하지만 매력적인 신세기, 폭
탄 제조범 페리박, 자살을 꿈꾸는 요한과 그의 쌍둥이 요나, 어린 아이 같
은 나나, 리진의 아빠인 X가 있었다. 도현은 내면의 여러 가지 모습들을
통합하지 못하고 완전히 조각내버렸다. 드라마 속 도현이 숨겨놓은 과거

들을 하나씩 찾아가는 모습은 마치 장기간에 걸친 상담과정과도 같았다.

어린 시절의 고통스러운 기억을 억압해두었다가 성인이 되어 떠올리는 이들이 있다. 마르셀 푸르스트 Marcel Proust의 소설《잃어버린 시간을 찾아서》에서 한 청년이 마들렌 과자를 홍차에 찍어 먹는 순간 지난날의 추억들을 떠올렸던 것처럼 말이다. 이처럼 잊었던 기억을 떠올리는 것은 예기치 못한 순간에 일어난다. 꿈에서 생생한 과거의 기억이 떠오르거나, 비를 맞으면서 버스를 기다리다가 묻어둔 기억이 갑작스럽게 떠올라 눈물을 흘리기도 하고, 옆집 부모가 자녀를 심하게 야단치는 소리에 소스라치게 놀라기도 한다.

평생교육원에서 상담 공부를 하던 해나는 어느 날 밤, 갑자기 잠을 이룰 수 없게 되었다고 했다. 가족치료를 공부하며 가계도를 그리는 와중에 가슴 통증이 온 것이다. 해나의 엄마는 그녀가 어렸을 때 집을 나갔다. 술만 마시면 물건을 부수고 때리는 아빠 때문에 결국 고등학교를 중퇴한 후 보조미용사로 생활비를 벌기 시작했다. 엄마를 대신해 동생까지 돌보느라 정신없이 바쁘게 살아왔다.

검정고시를 치르고 야간대학교도 졸업한 그녀는 소개로 만난 남자와 결혼해 아이도 낳았고 어느 정도 삶의 여유도 생겼다. 그러던 중 마음공부를 하고 싶다는 생각에 평생교육원에서 상담 공부를 시작했는데 이렇게 마음이 아파올 줄은 몰랐다. 가계도를 그리면서 아빠에 대한 미움이 올라와 견딜 수가 없었다. 술 마시고 퍼붓던 욕설, 어머니가 맞으면서 내지르던 비명이 불현듯 떠올라 온몸이 저려왔다. 잊었다고 생각했는데 왜 이제야 그때의 기억이 이토록 강하게 올라오고 있는지 모르겠다고 했다.

　내담자들은 보고 싶지 않은 아픈 기억들을 꽁꽁 숨겨두고 지낸다. 그러다 갑자기 과거의 문이 열리면 혼란스러워한다. 왜 지금 기억이 났는지 화도 나고 차라리 몰랐으면 좋았을 것 같다며 힘들어하기도 한다. 고통은 견딜 수 있는 사람들에게 주어지는 것이다. 차갑게 얼려 숨겨두었던 기억을 제대로 마주할 준비가 돼있지 않았기 때문에 그동안 고통을 경험해보지 않았을 수도 있다. 어쩌면 힘겨웠던 시절들을 감당할 수 있는 어른이 되었기에 기억들이 올라오게 된 것일지도 모른다.

　드라마 〈킬미힐미〉에서 도현의 숨겨진 인격들이 나타난 것에 이유가 있었듯이, 해나의 잊고 싶었던 기억들이 다시 떠오른 것에도 과거의 아픈 기억들을 바라봐야 할 이유가 있었기 때문이다. 무의식에 숨겨두었던 분열된 기억을 통합하기 위해 과거의 기억이 올라온 것일 수도 있다. 이때 과거의 숨겨진 감정과 직접 대면해야 한다. 과거의 사건 자체는 지울 수 없지만 그 사건의 영향력에서는 벗어날 수 있기 때문이다.

　철학자 니체^{Nietzsche}는 부모로 인해 울지 않을 이유가 있는 사람이 어디 있느냐고 말한 바 있다. 부모로부터 심한 학대를 받은 내담자들을 만나게 되면서 그 말이 사실임을 알게 되었다. 그런 부모로부터 성인이 되기까지 어떻게 버텨 왔을까 하는 생각이 들 정도로 심각한 학대를 견뎌온 내담자들도 있다. 물론 그렇게 학대를 한 부모의 부모들, 그리고 그 부모의 부모들까지 각자 나름의 사연이 있을는지도 모른다. 한 가지 놀라운 사실은 자녀에게 가혹한 행위를 한 부모들이 외부 사람들에게는 착하고 유순한 사람으로 평가받는다는 점이다. 즉, 밖에서는 좋은 사람이 되기 위해 억압했던 분노를 어린 자녀들에게 터트려온 것이다. 그렇게 분노는 아래로 흐르고 폭력은 반복되어 온다.

안타깝게도 학대를 받는 어린 아이들은 학대의 원인을 자신에게서 찾으려고 한다. 그래서 자신이 부족하고 모자라고 나쁜 아이라고 생각하며, 부모의 눈치를 보고 무기력하면서도 착한 아이로 자란다. 하지만 성인이 되면 힘들었던 기억에 대한 봉인이 풀리며 부모에 대한 억압됐던 분노가 느닷없이 찾아온다.

그때가 비로소 자신의 목소리를 낼 수 있는 때이다. 더 이상 착한 아이가 아닌 진짜 자신의 목소리로 억울함을 이야기할 수 있게 되는 것이다. 이때 내담자들은 혼돈과 함께 분노에 휩싸이게 되는데 상담자가 내담자의 마음을 **담아두기**^{containing●}하는 것이 쉽지 않다. 그러나 상담자가 부모와는 다른 태도로 내담자의 자기대상이 될 때 엄청난 양의 분노를 중화시킬 수 있다.

사람이 태어나서 처음 만나는 대상은 부모다. 부모가 나를 어떻게 **미러링**^{mirroring●}해주는가에 따라 적절한 자존감을 유지할 수 있다. 우리는 평생 우리를 미러링해주는 이들, 즉 자기대상을 찾게 된다.

드라마에서 도현의 아버지는 도현에게 용서를 구했다. 하지만 도현은 끝끝내 용서치 않았다. 과거에 부모가 저지른 행동을 용서하라는 주변 사람들의 이야기에 화가 났다는 이들이 생각났다. '당신들이 뭘 안다고 나한테 그런 말을 하는 거야?'라는 원망과 함께 그 누구도 나를 이해하지 못한다는 속상함만 커져갔다고 했다.

부모가 용서되지 않을 수 있다.

또한 부모를 용서하지 않아도 된다.

그 누구도 타인에게 용서를 강요할 수는 없다.

용서에 이르는 길에는 길고 긴 고통스러운 시간이 존재한다. 그러나 부모가 준 상처를 봇짐마냥 붙들고 있지는 말았으면 한다. 용서가 되지 않으면 부모로부터 물리적으로 거리를 둔 채 벗어나 있는 것도 해결방법 중의 하나이다.

그러나 과거는 아무리 애를 써도 절대로 되돌릴 수 없다는 것을 분명하게 받아들여야 한다. 내담자에게 왜 그런 일이 일어났는지 이유는 알 수 없지만, 가질 수 없었던 것들과 받을 수 없었던 것들에 대해 충분히 슬퍼하면서 마음속에서 떠나보내는 작업이 필요하다. 도현이 과거의 인격들을 하나하나씩 만나서 안아주었듯 과거의 슬퍼하는 내면아이를 안아주어야 한다. 부모가 나를 따뜻하게 공감하고 수용해주지 못했지만 현재 어른인 나는 과거의 내면아이를 포근하게 안아줄 수 있다.

도현이 용서할 수 없는 아버지를 떠나 리진과 행복한 시간을 보냈듯이 당신도 과거 부모의 영향력으로부터 벗어나야 한다. 그래야만이 진정한 나로서 살아갈 수 있다.

어린 시절 어떠한 학대를 받았든 어떠한 말을 들었든 그건 단지 부모의 소리일 뿐이다. 절대로 당신의 잘못이 아니다. 당신이 부족해서가 아니다.

부모가 준 생각들과 태도들은 부모의 것으로 여겨버리고 이제는 내가 나를 안아줘야 한다. 지하실의 어두운 기억이 열렸다면 이제는 그 기억을 딛고 바깥으로 나올 차례다.

당신은 충분히 사랑받을 자격이 있고,

사랑받기 위해 태어난 사람이며,

사랑받아 마땅한 사람이다.

추억에도
유통기한이
있을까

폭염이 기승을 부리던 여름, 시골에 집 고치기 봉사를 하러 갔다. 멀리서 바라본 집의 외관은 깔끔했으나 대문을 들어서자 코를 찌르는 역한 냄새가 났다. 썩어가는 음식냄새와 시큼털털한 곰팡이 냄새로 인해 머리가 지끈거렸다. 형체를 알 수 없는 음식이 가득한 낡은 냉장고와 찬장이 원인이었다. 집 안은 오래된 물건들로 가득 차서 발 디딜 틈이 없었다. 바스러질 듯 누렇게 바랜 책, 껍질이 벗겨진 사탕, 이미 성인이 되었을 자녀들의 60-70년대 어린 시절 옷가지가 쌓여 있었다.

고장 난 레코드처럼 새마을운동과 군대 이야기를 반복하는 어르신의 이야기를 뒤로 하고, 많은 짐을 한 곳에 모았다. 아침부터 장판과 도배를 시작해 오후가 되어서야 마무리가 되었다. 어르신이 썩은 음식을 드실까 봐 염려되어 부엌을 정리하겠다고 말씀드렸다. 오래된 음식들을 버리니

코를 괴롭히던 강한 냄새는 사라졌다. 그러나 어르신은 다른 물건에는 절대 손대지 말라고 하시면서 헌 옷가지와 책 보따리 같은 오래된 물건들을 말끔하게 도배된 안방으로 끌고 가셨다.

　사람들이 물건을 버리지 못하는 원인은 어디에 있을까? 집 고치기 봉사나 쪽방촌 봉사를 가면 쓸모없는 낡은 짐으로 방이 가득 차 있는 것을 보게 된다. 저장강박증이라는 전두엽 기능의 이상 증상으로 의사결정을 하지 못했을 수도 있고, 우울하고 불안한 감정을 만나지 않으려거나 고통을 회피하기 위해서일 수도 있다.

　상담할 때 우울하고 불안한 사람들이 물건들을 버리지 못하고 모아두는 것을 자주 발견한다. 쓸모없는 물건들에 세월의 흔적과 추억이 남아 있어서 버리지 못하는 것일 수도 있다. 자식들과의 애잔한 추억들 그리고 젊은 시절에 대한 향수를 포기하지 못하기 때문이다. 그분들은 지나간 과거를 포기하는 고통을 피하기 위해서 현재의 발 디딜 틈 없는 공간에서 지내는 불편함을 감수하는 것이다.

　어르신이 오래된 물건들을 꼭 붙잡고 놓아주지 못하는 것처럼, 어떤 이들은 예전의 '기억'을 떨쳐버리지 못하고 있는 경우가 있다. 그러나 과거의 기억들을 잡고 있느라 현재를 제대로 살지 못하고 있다면 마음 청소를 해야 한다. 집을 정리할 때 물건을 한데 쫙 펼쳐놓고 필요한 것과 불필요한 것을 구분하여 과감히 버리는 것처럼, 지금 마음의 집을 청소해보는 건 어떨까?

초현실주의 작가 살바로드 달리$^{Salvador\ Dali}$의 작품 〈인간 형상을 한 캐비닛〉은 우리 내면의 신비를 잘 표현해준다. 달리는 프로이트$^{Sigmund\ Freud}$를 존경했는데, 그는 '신체란 무의식이라는 비밀스러운 서랍들로 가득 차있으며 오직 정신분석학자들만이 그 서랍을 열 수 있다'고 생각했다. 나는 간혹 마음에 관해 설명할 때 빙산을 그려주곤 한다. 겉으로 드러난 5%의 빙산 아래, 나머지 95%가 바다 속에 숨어 있다. 바다 위로 드러나 보이는 부분은 의식이고 바다 아래에 보이는 부분은 무의식을 의미한다. 정신분석에서 치료의 목적은 무의식의 의식화이다.

무의식을 살펴보며 어린 시절을 열어보는 이유는 내담자들의 생각, 느낌, 감정에 무의식적으로 영향을 미치는 것들을 찾아보고 그들이 세상을 바라보는 세계관에 대해서 탐색하기 위해서이다. 하지만 심리치료가 과거의 원인만 찾는 것이라면 무의미하다. 현재와 미래를 잘 살아가기 위해 우리가 기억하지 못하는 유년기가 지금의 삶에 어떤 영향을 미치고 있는지 과거를 살펴보는 것이다. 아울러 부모로부터 대물림된 낡은 생각들이 현실에 맞지 않다면 수정해나갈 필요가 있다.

프로이트는 유아기에 맺은 관계의 질에 대해 강조하며 만 6세까지의 감정이 사람들의 주된 감정양식이라고 이야기했다. 하지만 어린 시절의 감정이나 패턴으로부터 완전히 벗어날 수는 없더라도 좋은 배우자, 스승, 친구, 치료사 등을 만나면 변화할 수 있다고 생각한다. 평소에 자신이 자주 느끼는 생각, 느낌, 감정 등이 무엇인지 알아차릴수록 자신의 마음을 잘 돌봐야 한다.

마음을 잘 돌보기 위해서는 불필요한 생각을 버리고 유연한 사고로 돌이켜야 한다. 불필요한 사고를 과감히 버리자는 것이다. 그 작업이 쉽지 않더라도 경직된 사고를 버리는 작업을 차근차근 해나가면 마음의 집에서 평온을 느낄 수 있을 것이다.

당신이 자주 하는 말, 습관처럼 하는 말은 무엇인가?

현재의 삶을 잘 살고 있으면서도 '왜 그랬어?' '넌 왜 이것밖에 못해?'라는 말을 반복하고 있지는 않은가?

어린 시절 들었던 말이 계속해서 머릿속을 맴돈다면 귀를 기울여보자. 그리고 불필요한 물건을 버릴 때처럼 마음의 소리에 대해 냉정하게 판단해보자. 반복되는 말들이 당신에게 도움이 되는지, 그 말은 누구를 위해서 하고 있는지.

과거에 머무르지 않길 바란다.

당신이 머물러야 할 곳은 지금 이 자리다.

누구에게나
비밀은
있다

"모든 얽히는 관계를 피하십시오. 마음을 당신의 이기심이라는 작은 상자에만 넣어 안전하게 잠가 두십시오…… 부서지지는 않을 것입니다. 깨뜨릴 수 없고 뚫고 들어갈 수도 없을 것입니다. 그러나 구원 받을 수 없는 상태가 되고 말 것입니다."

_C.S.루이스,《네 가지 사랑》중에서

학창 시절 희애는 집에 들어갈 때마다 가슴이 쿵쾅쿵쾅 뛰었다. 문밖으로 부모님이 싸우는 소리가 들리고 어머니는 혼자 서글프게 울고 계셨다. 어머니는 희애에게 '넌 성적이 그게 뭐야? 제대로 하는 게 없어!'라며 신경질을 내곤 했다. 오래 알고 지냈던 친구들과는 다른 중학교로 배정된 뒤부터 희애는 친구를 제대로 사귈 수가 없게 되었다. 언제부터인지 모르게 사람들이 자신의 눈빛을 피하는 것 같았다.

'전부 나 때문이야. 내 눈빛에 문제가 있는 게 틀림없어.'
자신의 눈빛 때문에 다른 사람들이 힘들어한다는 생각에 희애는 마음이 아팠다.

'나는 무기력하고 쓸모없어.'

희애의 생각은 점점 확고해져 갔다.

둘만 있는 상담실인데도 그녀는 밖에서 누군가 엿들을까봐 주위를 두리번거렸다.

"지금 이야기는 태어나서 처음으로 하는 거라…… 그런데 선생님이 이미 알고 있다는 건 알아요."

내가 알고 있는 그녀의 비밀? 희애가 상담 내내 무언가를 감추고 있다는 것은 어느 정도 짐작하고 있었다. 둘 사이에 오랜 침묵이 흘렀다. 희애는 입술을 깨물고 고개를 숙인 채 바닥을 바라보며 말을 이었다.

"제 눈빛 때문에 다들 힘들어하는 거요. 그걸 말해야 할 것 같아서요. 제 눈빛이 너무 날카롭다는 거…… 저도 알아요."

사람들이 희애의 눈빛을 힘들어한다는 게 무슨 말인지 이해되지 않았다. 희애가 눈에 잔뜩 힘을 주고 있는 것은 맞다. 하지만 그 눈빛이 나를 힘들게 할 정도는 아니었다. 눈에서 광선이 나오는 것도 아니고 말이다.

말도 안 되는 비밀로, 말도 안 되는 믿음으로 혼자서 십 년 넘게 힘들어했다니…… 얼마나 고통스러웠을까?

내 안에서 무수한 질문이 오고갔다. 나도 모르게 눈물이 또르르 흘러내렸다. 당시 초보 상담자였던 나는 내담자의 감정에 휩싸이면 안 된다고 생각하면서도 희애가 이유 없이 겪어왔을 고통이 느껴져 슬픔을 참을 수가 없었다.

희애의 증상은 '가해 의식형 사회 공포증'이었다. 가해 의식형 사회 공포증은 주로 자신의 냄새, 표정, 외모가 타인을 힘겹게 한다고 굳게 믿고 있어서 사람들을 회피하는 경향이 있다. 타인이 자신의 결함을 모른 척하고 있다고 생각해 그들의 반응을 더욱 예의주시한다.

불안한 정서는 다른 사람에게 쉽게 전염된다. 내담자의 조심스러운 태도는 상대방 또한 긴장시킨다. 그리고 타인과의 만남에서 상대의 태도를 살피고 자신을 싫어하는 듯한 분위기를 예민하게 읽어낸다. 긴장하고 불안해하는 사람에게서는 편안함을 느끼기 힘들다. 희애는 이렇게 오랜 시간을 거쳐 다른 사람들이 자신을 싫어하고 있다는 확고한 생각을 갖게 된 것이다. 사람들과의 관계 속에서 더욱 고립되었고, 우울과 불안은 점점 더 높아져만 갔다.

성격을 비롯한 삶의 방어기제는 나와의 관계에서 굉장히 중요한 인물, 즉 부모와의 상호작용에서 일어난다. 희애는 어릴 적부터 부모에게서 평가적인 발언을 자주 들으며 자라왔다. 타인이 자신을 무시하거나 비난할 것이라는 신념을 갖게 된 계기였다. 그리고 자신의 눈빛이 타인에게 위협적이라는 결론을 내렸고 사람들에게 피해를 주지 않고자 적절한 거리를 유지하려는 방어기제를 만들었다.

뇌 가장 안쪽에 자리 잡고 있는 뇌간은 위험이 닥치면 빨리 피하라고 신호를 보낸다. 희애는 타인에게 피해를 주지 않기 위해 벽을 만들었다. 어느 누구도 깨뜨릴 수 없고, 뚫고 들어갈 수도 없는 벽. 희애가 만든 이 마음의 거리는 다른 사람과 사랑을 주고받는 친밀한 관계를 좌절시켰다. 타인을 통해 내가 누구인지 알아가는 과정을, 나의 존재감을 확인할 수 있는 모든 기회를, 놓쳐버린 것이다.

'모든 사람들이 희애의 비밀을 알고 있지만 입 밖으로 꺼내지 않았을 뿐이다.'

희애는 굳게 믿고 있었다. 그리고 부끄럽고 힘들었다. 하지만 용기를 내 자신의 이야기를 했다. 스스로를 가두어 두었던 비밀의 문이 드디어 열린 것이다. 그녀의 잘못된 믿음을 바꾸기 위해서는 과거에 처리할 수 없었던 상황을 바꾸어줄 수 있는 새로운 정서 체험, 즉 '교정적 정서 체험'이 필요했다. 다른 사람들이 나를 싫어할 것이라는 생각을 변화시키기 위해 타인을 회피해왔던 그간의 대인관계 패턴도 극복해야 했다.

그녀가 자신의 내적 세계를 이해하고, 변화시키는 작업이 상담과정을 통해 이루어졌다. 이 과정을 거치며 결국 상담은 기술이 아닌 '관계'임을 다시 한 번 깨달았다. 즉, 문제에 대한 특별한 방법을 제시하고 그것을 풀어가는 것에 치중하기보다 내담자와 상담자와의 관계에 더 집중해야 한다는 것이다. 타인이 자신의 눈빛을 두려워한다는 왜곡된 인지구조가 변화되기 위해서는 상담자와의 친밀한 관계 형성이 우선시되어야 한다. 아울러 무언가에 대한 두려움을 극복하기 위해서는 두려워하는 대상을 피하지 않고 계속해서 만나야 한다. 회복은 관계 속에서 이루어진다.

사다리는 어떻게 타야 할까? 우리는 사다리를 탈 때 처음부터 맨 위 칸에 올라설 순 없다. 아래 칸부터 차근차근 하나씩 하나씩 밟으며 점차적으로 올라가는 것이다. 심리학에서는 이를 '체계적 둔감화 기법'이라고 한다. 두려움이란 상황 속에서 이완훈련과 함께 가장 쉬운 단계부터 시작해 어려운 단계로 점점 강도를 높여나가는 것이다.

개를 두려워한다면, 개가 나오는 만화영화를 보는 것부터 시작해서 개 인형 만지기, 개와 마주하기, 개를 만져보기 등으로 두려운 대상과의 접촉을 점점 늘리는 것이다.

우리는 먼저 희애의 눈빛에 관해 확인해보는 작업부터 시작했다. 희애는 상담자에게 비밀을 털어놓은 것을 시작으로 자신의 비밀을 옆자리 동료에게 털어놓았고, 몇 주 후 믿을 만한 몇몇 지인에게 물어보았다. 그들은 희애의 눈빛에 힘들었던 적이 한 번도 없었다고 했다. 지금까지 고통스러웠겠다며 오히려 진심으로 그녀를 걱정해주었다.

처음에 희애는 그들의 말이 믿기지 않았다고 했다. 잘못된 믿음을 깨는 작업이 쉬울 수는 없었다. 종종 두려움이 찾아왔지만 이젠 더 이상 사람들을 피해 다니지 않을 거라고도 했다. 하나둘씩 사다리를 밟아 올라가며 자신의 눈빛이 타인을 힘들게 할 것이라는 믿음은 100%에서 20-30%까지 옅어졌다.

언제부턴가 희애의 어깨와 눈빛에서 긴장감이 사라졌고, 어두운 무채색만을 고집하던 옷들도 파스텔 톤으로 바뀌었다. 타인이 자신을 어떻게 생각할까 염려하며 긴장하는 모습에서 벗어나 소소한 일상을 나누기 시작했다. 따뜻한 봄날들을 되찾으려는 것 같았다. 요즘 연애 중이냐는 질문도 받았다며 미소를 지었다. 마음의 벽을 허물자 주변 사람들도 배려 깊은 희애의 따뜻한 마음을 알게 되었고, 소소한 이야기를 나누는 동료들도 생겼다. 지금까지 타인에 대한 긴장감으로 잔뜩 웅크려 있느라 눈에 보이지 않았던 그녀의 장점들이 나타나기 시작했다.

잘못된 생각으로 오랫동안 고생한 것이 억울해 잠이 안 온 적도 있었지만, 그녀는 더 이상 '왜?'라는 질문은 그만두기로 했다. 인생에는 설명할 수 없는 일들이 많다는 것을 받아들이기로 한 것이다. 부모님의 속사정까지도 말이다. 희애는 자신과 비슷한 사람들에게 위로를 줄 수 있을 것 같다고도 했다. 당신이 사랑받는 존재라는 확신을 가지라고. 그거면 지금도 충분하다고.

누구에게나 남에게 말하지 못하는 아픈 구석이 있다.
스스로를 비난하며 혼자만의 성에 갇혀 있다면
용기를 내서 나오기를 바란다.
누구에게나 비밀은 있으니까.
그럼에도 불구하고 당신의 존재는 의미 있으니까!

내 인생만
부족한 것
같을 때

"선생님, 제 자존감 좀 올려주세요.
상담 받으면 자존감 올라가는 것 맞죠?"

자존감이 낮다며 높여달라는 이들이 있다. 자아존중감이란 특별한 방법으로 상승시킬 수 있는 종류의 것이 아니다. 수많은 자기계발서를 읽으면서 잠시나마 자존감이 올라간 것 같지만 금세 다시 좌절하는 사람들을 만나게 된다. 그들은 세상의 평가에 자신을 끼워 맞추고자 끊임없이 애를 써왔다고 했다. 그러다 보면 자존감이 향상될 것이라 믿었다. 성적을 올리기 위해 열심히 노력했건만 그저 중간만 맴도는 시험 점수에 낙심하기도 했고 대기업에 입사한 친척을 보면서 열등감을 느끼기도 했단다. 최선을 다했지만 여전히 하루하루가 고단할 뿐이었다.

자존감이란 지금 있는 그대로의 모습을 긍정하는 것이다.
끊임없이 스스로를 비판하고 있다면 잠시 멈추기를 바란다. 더 이상 그런 채로 살아가지 않기를 바란다. 누구에게나 친절한 사람이 아닌, 스스로에게 친절한 사람이 되어보자.

우리 인생 조금은 부족해도 괜찮다.
이미 당신만의 독특한 멋과 향기가 있지 않은가.

TV프로그램 〈무한도전〉에 출연한 뇌순녀, 뇌순남의 매력에 빠진 적이 있었다. 다른 나라의 수도를 헷갈려하고 간단한 계산조차 하지 못해도 왠지 모르게 호감이 갔다. 자신의 부족한 모습을 숨기지 않고 드러내는 모습이 사랑스러웠다. '진짜 날 것' '리얼리티'를 추구하는 세상이 된 지는 오래다. 연예인들이 자신의 2세와 함께 생활하는 모습을 보여주고 심지어는 데뷔 이후 줄곧 신비주의를 고수했던 서태지까지 집을 공개했으니까 말이다.

이처럼 스타들의 민낯, 리얼한 생활상을 보고 싶어 하는 건 우리가 수없이 많은 가면을 쓰고 살아가야 하기 때문인지도 모른다. 힘들어도 괜찮은 척 해야 하고, 다니기 싫은 회사도 꾸역꾸역 다녀야 하는 현실 속에서 사실은 우리 모두 가면을 벗고 싶었던 것은 아닐까. 하지만 우리는 타인의 모자라고 어리숙한 모습에 매력을 느낌에도 불구하고, 현실에서는 완벽하면서도 그럴싸한 모습을 보여주고자 애를 쓴다.

나 또한 초보 상담자 시절 내담자들에게 전문가로 보이고자 노력한 적이 있었다. 대학원 재학 중 취약 계층 지역의 청소년 상담지원센터에서 놀이치료사로 일했을 때였다. 인터넷에서 접한 정보로 자기주장만을 일삼거나 경력이 얼마나 되었냐고 물어보는 학부모들에게 얕보이지 않기 위해 전문가로서의 권위를 내세웠다.

그 후 지난 십여 년간 유료 상담을 하면서 어느 순간 더 이상 그렇게 애쓰지 않게 되었다. 상담자로서 이론과 전문성을 겸비하는 것도 중요하지만, 상담의 성공 여부는 내담자에게 달려 있다는 것도 깨달았다. 그제야 가끔 물건도 잊어버리고 가끔은 버럭 하는 어리숙한 나의 모습을 그대로 받아들일 수 있게 되었다.

상담실에 찾아오는 많은 수의 사람들이 지나칠 정도로 모든 부분에서 완벽하고 싶어 한다. 물론 극도의 성격장애나 심각한 문제가 있는 사람들이 있기도 하지만 내담자 다수는 오히려 남들 보기에 퍼펙트한 사람들이다. 직장에서도 꼼꼼하게 일을 하고 사람들에게도 친절한 사람들, 즉 타인을 의식하는 이들인 것이다. 타인에게 너무 잘하려고 애쓰다 보니 매사가 힘들다.

대부분의 불안증은 '타인에 대한 나의 시선'에 몰두하는 경우가 많다. 발표할 때 떠는 모습을 보이고 싶지 않아서, 다른 사람들에게 내가 긴장하고 있는 모습을 들키고 싶지 않아서…… 그렇게 누군가의 눈을 의식할수록 우리는 점점 불행해진다.

조금 더 노력하면 '완벽'에 닿을 수 있을까?

과연 부족한 내 모습을 버릴 수 있을까?

그렇게 해서 완벽해지면 타인으로부터 사랑받을 수 있을까?

그런 사람들에게 소개해주고 싶은 여자가 있다. 그녀의 이름은 '오해영'이다. 〈또 오해영〉이라는 드라마가 인기 있었던 까닭은 완벽에 다가가지 못하는 평범한 여자의 모습을 있는 그대로 보여주었기 때문이라고 생각한다. 평범하디 평범한 주인공 '그냥' 오해영은 '예쁜' 오해영보다 스펙과 외모가 모자란다고 해도 충분히 매력적이었다. 좋아하는 남자가 '예쁜' 오해영을 만나는 것이 속상했던 '그냥' 오해영은 둘이 머무르던 집에 돌멩이를 던져 유리창을 깨뜨린 적도 있다. 좋아하는 마음을 조금도 숨기지 않고 드러냈다. 좋아하는 사람의 집 창문에 짱돌을 던지면서까지 마음을 표현하는 어른이 과연 얼마나 있을까? '썸'이라든지 '밀당'이라는 핑계로 짝사랑의 감정을 솔직하게 표현하지 못하는 모습보다는 '그냥' 오해영의 솔직함과 용기가 더 예쁘게 보였다.

타고나기를 평범녀인 대다수의 여성들이 다시 태어나지 않는 이상, 현실에서 금수저가 되기는 힘들다. 하지만 '그냥' 오해영처럼 있는 그대로의 자신을 드러내놓고 살아간다면 그것만으로도 충분히 아름답지 않을까? 자신만의 색채를 마구 발산하는 것이다.

타인으로부터 인정받기 위해 결점을 보완한다고 해도 인간이란 영원

허 부족함을 느끼는 존재다. 그럼에도 불구하고 다른 사람의 눈에 괜찮아 보여야 한다고 스스로에게 끊임없이 속삭인다면, 그 말은 누구의 이야기인지 생각해봐야 한다. 내적 작동 모델은 부모로부터 비롯된다. 우리는 중요한 대상과 상호작용을 경험하며 반복적인 유형으로서 대인관계 패턴을 쌓아간다. 자, 완벽해야 한다는 마음의 소리는 누구로부터 시작되었을까? 나 자신으로부터였을까? 내 안의 목소리가 아니라면 이제는 스스로 조금은 부족해도 괜찮다고 이야기해보도록 하자.

'열등감은 생의 원동력이다'라고 에릭슨Erikson은 말했다. 누구에게나 열등감은 있다. 그러나 타인에게 나의 모자란 모습을 보이면 안 된다는 생각은 불행의 원동력이다.

우리는 누군가의 어리숙한 모습에 공감한다. 이는 내면의 허점이 반드시 문제가 되지 않는다는 사실을 증명하는 것이다. 신화, 동화, 영화 등에서 우리가 사랑하는 사람들은 영웅이지만 어딘가 부족하고 모자란 사람들이다. 심지어 마블의 어벤져스 슈퍼 히어로들도 남모를 아픔이 있거나 어린 시절에 고난을 겪지 않았는가.

정신분석가 비온Bion은 상담자의 주된 역할이 담아주기containment라고 했다.

나는 나의 상담자다. 오늘부터 나는 나의 상담자가 되어 나를 품어주는 것부터 시작하자. 모자라도 괜찮다. 그래도 나다. 난 세상 누구와도 같지 않은 단 하나의 사람으로 충분하다. 자신의 부족함을 드러내서 웃음으로 승화할 수 있는 사람은 능력자다. 자신을 셀프 디스 할 수 있는 사람, 그건 자존감이 꽤나 높은 사람이나 가능하다.

괜찮은 사람이 되고자 애쓰지 말기 바란다.

나라는 사람도 부족한 면과 괜찮은 면 여러 가지가 어우러져 있다.

인생 자체가 여러 가닥의 날실과 씨실로 짜여있는 것처럼 말이다.

내면의 목소리가
자존감을
건드린다면

"글을 써서 뭐하게. 시중에 심리학책이 한두 권이니?
글 잘 쓰는 사람들이 얼마나 많은데 글은 무슨 글.
그냥 하던 상담에만 집중해."

내면의 엄격한 감독관이 말을 걸어왔다. 하고 싶었던 일을 용기내서 하고 있는데 자꾸 그만두라 한다. 나는 어릴 때부터 글 쓰는 일을 좋아했다. 로맨스와 개그 등을 섞어 알 수 없는 장르의 희곡을 만들었다. 친구들을 집으로 불러서 배역을 정하고 대사를 주고받으며 놀았다. 약 한 달간을 하루도 빠짐없이 학교 수업이 끝나자마자 친구들과 모여서 연습했다. 어설픈 희곡이 연극으로 공연되었을 때에는 내 글이 살아 움직이는 것 같았다.

그러나 고등학교에 들어가면서 학업으로 인해 글을 쓸 기회는 사라졌다. 어른이 되어서도 글을 쓰고 싶었지만, 나를 움츠러들게 하는 내면의 감독관들의 쓴소리가 들려왔다. 지금도 제대로 글을 쓰고 있는지 알 수 없어 여전히 두렵다. 그럴 때마다 마음속 깊은 곳에서 아주 작고 내밀한 목소리가 들려온다.

'괜찮아. 난 내가 쓰고 싶은 글을 썼고 이제는 읽는 사람의 몫인 걸.'

글을 쓸 때는 감독관의 말을 조용히 잠재워야 한다. 혹시 내면에서 독설을 내뱉는 감독관들 때문에, 감정이 점점 바닥으로 내려가는 일은 없는가? 우울감으로 상담실을 찾아오는 내담자들 대부분은 내면의 엄격한 감독관에게 KO패 당한 사람들이다.

프로이트는 성격의 구조를 원초아, 자아, 초자아로 나누었다. 원초아는 쾌락원리에 따라 지금 당장 충족되길 원하는 욕망 덩어리며, 자아는 현실원리에 따라서 원초아를 만족시키고자 하며, 초자아는 자아이상과 양심으로 우리가 할 것과 하지 말 것을 구분하는 내면의 감독관이다. 초자아, 즉 내면의 감독관이 지나치게 엄격한 사람들 안에서는 비난이 지속적으로 이어진다.

'너 때문에 주변 분위기가 어둡잖아!'
'넌 최선을 다해야 돼! 왜 그렇게 게으르니!'
'좀 제대로 해봐!'

내담자들이 이런 소리를 반복적으로 들어가며 오랫동안 견뎌냈다는 게 놀라울 따름이었다. 어떤 사람은 죽음을 생각하거나 극단적인 행동을 한 적이 있다고도 했다.

자신을 사랑하는 일은 왜 이렇게 어려울까?

오래된 비판적 사고를 자세히 탐색해보면 어린 시절 부모로부터 받은 처벌과 연결된다. 성적 때문에 부모의 비판을 들으며 스스로를 부적절한 사람이라 생각하며 청소년기를 보낸 이들도 있다.

행복은 성적순이 아니라는 말은 하고 싶지 않다. 공부를 잘하면 학과나 직업 선택의 기회가 넓어지는 것이 엄연한 현실임을 어쩌랴. 그러나 최선만큼 측정 불가능한 것이 어디 있을까. 명심하자. 누굴 닮아 저 모양인지 모르겠다며 부모가 서로 다투기라도 하는 순간 아이의 죄책감은 더더욱 커질 것이다. 자녀의 성적, 학습태도 때문에 지나친 체벌을 가하거나 거친 비난을 퍼붓는 이면에는 부모의 불안이 있다. 어쩌면 다른 집 자녀들과 비교하며 열등감을 느끼거나 정서적 불안으로 인해 자녀에게 화를 냈을 수 있다. 혹은 과업 지향적인 부모의 태도가 문제일지도 모른다.

게슈탈트 치료자 프리츠 펄스^{Fritz Perls}는 부모의 가치관과 방식을 무비판적으로 수용하는 것을 '내사^{introjection}'라고 했다. 부모로부터 "넌 제대로 하는 게 하나도 없어"라는 얘기를 듣고 자란 경우 "난 제대로 할 줄 아는 게 없어"라고 말하는 어른이 될 수 있다. 아들딸이 좀 더 잘되길 바라는 마음에 지적한 것이 자녀들에겐 비난으로 여겨진 것이다.

음식이 맞으면 꼭꼭 씹어서 잘 흡수시키고 맞지 않으면 삼키지 말고 뱉어버려야 하듯이 생각도 마찬가지다. 어른이 된 지금, 어릴 적 부모가 한 말을 반복해 스스로를 비난할 필요는 없다. 이젠 자신을 비난하는 일에서 벗어나자. 내가 한 일에 대해서 구체적으로 살펴보고 "내 생각대로 되지 않았구나. 그래도 전보다는 나아지기는 했어. 다음에는 다르게 해봐야지" 하는 유연한 사고가 필요한 것이다.

어린 시절 부모의 비난이 마음속에 찌꺼기로 남아 성인이 되어서도 부적응적인 감정으로 되살아난다면 반기를 들고 나서야 할 때이다. 부정적인 감정들이 내 안의 푸른 새싹 같은 희망들을 짓밟고 있다면 이제 나의 성장을 파괴시키는 생각들과 굿바이해야 한다. 물론 오래된 사고와 이별하는 일은 오랜 연인과 헤어지는 것만큼 어려우며 많은 시간이 필요하다.

어렸을 때 부모의 존재는 너무나 크기 때문에 아이인 나로서는 어찌할 도리가 없다. 그래서 자신의 모습을 있는 그대로 수용하지 못한 채 나를 부정하고 내게 문제가 있다고 생각해버리게 된다. 지금 우리는 어른이다. 당시 부모의 생각이 합리적이었고 유연했는지 의심해볼 필요가 있는 것이다. 오래된 사고로부터 이제 자신을 놓아주어야 할 때다. 쉽게 자유로워지지 않는다면 빈 의자를 놓고 부모에게 하고 싶은 말을 이야기하거나 글로 표현해볼 수도 있다.

최선을 다하라고만 하는 냉혹한 감독관과 대화를 나눠보자.

감독관　너 언제 최선을 다할래? 정말 게으르기 짝이 없어.

내면의 힘　또 '어, 미안해. 잘못했어'라고 할 줄 알았지? 그런데 네가
　　　　　 말하는 최선은 무엇이니?

감독관　최선이라면 적어도 일에서의 실수는 없어야 하는 거야.

내면의 힘　단 한 번의 실수도 없어야 하는 게 최선이라는 건 너무
　　　　　 무리야.

감독관　너 기획안 작성하는 데 몇 번이나 실수했는지 알고 있지?

내면의 힘　맞아, 나 실수했어. 실수도 가끔 하고 그러는 거지. 뭐. 다
　　　　　 음에 안 하면 되는 거고.

감독관　넌 참 여유롭구나.

내면의 힘　이제부터 그래 보려고. 네 말만 듣고 사는 건 너무 힘들거든.

감독관　그렇게 살다가 비참한 인생으로 끝나면 어쩌려고 그래?

내면의 힘　그래. 매번 네가 말하는 대로 난 비참한 인생을 상상하곤
　　　　　 했어. 이러다 회사생활을 제대로 못하는 것은 아닐까? 부
　　　　　 장님한테 험한 소리를 듣는 것은 아닐까? 나중에 제대로
　　　　　 직장은 다닐 수는 있을까? 그런데 그런 생각이 무슨 도
　　　　　 움이 될까 싶어.

감독관　너 내 말에 말대답하네. 언제부터 네가 힘이 있었다고?

내면의 힘　네 말 때문에 열심히 사는 것도 맞는데 너도 좀 유연해질
　　　　　 필요가 있잖아. 그렇게 힘들게 다그치지는 말자.

감독관을 다스리는 힘은 초자아를 좀 더 유연하게 만든다. 과거의 거친 목소리와는 다른 새로운 내면의 목소리가 섞여있기도 할 것이다. 변화란 오랜 시간이 걸리는 작업이다. 지금부터라도 진실된 목소리를 구별해서 삶을 유연하게 살아가도록 하자.

마음이 아프면
몸으로
나타난다

"음식 냄새를 맡기 힘들어요. 너무 역해요.
밥 냄새만 맡아도 토할 것 같고요.
의사가 심리치료를 받아보라고 해서 오긴 왔는데
마음의 문제라니, 못 믿겠어요."

몸은 정직하다. 복잡하고 힘든 감정을 느끼면 몸은 솔직하게 반응한다. 희영은 내게 오기 전 여러 병원에서 검사를 했으나, 신체적 문제는 없는 것으로 나타났다. 그녀는 다른 사람들에게 이상한 사람으로 보일까봐 심리 상담만은 피하고 싶었다. 희영은 학업성적도 우수하고, 친구관계도 원만한 편이며, 주변 상황에 대한 어떠한 불만도 없다고 했다. 하지만 종합심리검사 결과 불안과 긴장이 상당한 편으로 나타났다. 그녀는 자신의 문제를 부인하며 아무런 문제가 없는 것처럼 보이려 노력하고 있었다.

이처럼 가능한 한 좋은 모습으로 보이려 하는 내담자들에겐 미술치료나 모래놀이치료가 도움이 된다. 희영은 폭풍우가 치는 큰 바닷가에 흔들리는 작은 배를 그렸다. 모래놀이에서는 사람, 동물, 배 모양의 피규어가 몰살되었다면서 상자에 물을 여러 차례 부었다. 겉으로는 고요해보였지만 내면에는 태풍이 몰아치고 천둥 번개가 우르르 쾅쾅 요동치고 있었던 것이다.

물이 끓을 때에는 주전자의 뚜껑이 닫혀 있어도 뜨거운 수증기가 폭발하듯 밖으로 새어나오는 것처럼, 억압된 에너지는 언젠가 표출된다. 바이올렛 오클렌더$^{Violet Oaklander}$는 우리가 우리의 감정을 인정하고 경험할 때만이 감정으로부터 벗어나 다른 일에 우리 유기체 전체를 사용할 수 있다고 했다. 만약 우리가 우리의 감정을 인정하지 않고 무시하게 된다면 어떻게 될까? 무시된 감정들은 우리 내면 곳곳에 숨어든 다음, 한자리씩 차지하며 머무르게 될 것이다. 결과적으로 우리는 무시된 감정이 머물고 있는 곳을 제외한 일부만을 일상생활에서 사용하게 되는 것이다. 그렇기 때문에 우리는 내면 속 숨겨진 감정에 접촉하기 위해 신체에 귀 기울이는 법을 배워야 한다.

《내 그림자에게 말 걸기》라는 책에서 저자는 자신의 아픈 다리와 이야기를 나눈다. 그는 어린 시절에 당한 사고로 뛰지를 못했다. 배를 타고 싶었지만 집 안에 머무를 수밖에 없었고, 육상선수를 동경했으나 달릴 수 없었다. 두 발로 자유롭게 돌아다니고 싶은 마음이 간절했지만 그럴 수 없었기에 그의 마음은 두 조각으로 갈라졌다. 하지만 그는 아픈 다리와 이야기하면서 갈라진 마음 조각들을 상징적으로 통합한다.

나	왜 나한테 이런 일이 일어나야 하는 거야.
다리	그럼 누구한테 일어나야 하는데?
나	아무한테도! 그건 공정하지 않아.
다리	그래, 맞아. 인생은 공정하지 않아.

다리와의 대화는 계속해서 이어졌다. 그는 여전히 달릴 수 없지만 이쑤시개 두 개가 달려가는 이미지를 떠올리면서 바람을 가르는 상상을 했다. 그렇게 갈라진 마음을 통합해 나가는 것이다.

음식 냄새를 맡기 싫어하는 희영에게 그녀의 코는 무슨 말을 하고 있는지 이야기를 나눠보자고 제안했다. 희영은 낯간지러움을 꾹 참고 자신의 코에게 말을 걸어 보았다.

희영	왜 밥 냄새를 맡을 수 없는 거야?
코	냄새를 맡고 싶지 않아. 싫어! 가만 내버려둬.
희영	갑자기 왜 그러는데?
코	나도 싫은 게 있어!

코는 말을 하고 싶지 않은 듯 보였지만 희영은 계속 질문을 던졌다. 그러자 희영의 속상한 감정들이 실타래처럼 조금씩 나오기 시작했다. 코와 이야기를 하면서 희영은 자신의 감정을 남에게 이야기해도 괜찮다는 사

실을 알게 되었다.

희영은 자라는 동안 엄마의 짜증 섞인 푸념을 끊임없이 들어야 했었다. 부모님께서는 자주 다투셨고, 마음이 답답한 엄마는 뒷말이 두려워 주변사람들에게는 속상한 마음을 털어놓지 못하고 딸을 찾았다. 희영은 엄마의 말을 끊고 싶은 순간이 많았지만, '희영이 너 때문에 산다'는 말을 들을 때마다 잠자코 있을 수밖에 없었다. 차마 화를 낼 수 없었던 희영은 밥 냄새에 엄마를 투영하게 되었고, 결국엔 밥 냄새가 싫어지게 된 것이다. 이유를 알게 된 희영은 용기를 내 엄마의 하소연을 들어주는 게 힘들다며 지친 마음을 토로했다. 엄마에게 솔직하게 이야기하자 음식 냄새로 힘들어하는 일은 서서히 줄어들었다.

나도 희영처럼 음식을 먹지 못한 적이 있었다. 할머니가 돌아가신 직후였다. 할머니는 병원이 아닌 집에서 생의 마지막을 보내고 싶다고 하셨다. 할머니께서 세상을 떠나신 후, 밀려드는 손님들을 맞이하느라 눈물을 흘릴 틈이 없었다. 흰색 상복을 입은 채 정신없이 음식 준비를 돕고, 5시간이 걸리는 장지를 두어 번 다녀오니 몸은 파김치가 되었다.

그렇게 모든 장례 절차를 마친 후 다시 시작된 일상, 갑자기 밥이 넘어가지 않았다. 목구멍이 마치 바늘구멍처럼 좁아진 것 같았고 부드러운 미음도 겨우 넘길 수 있었다. 그렇게 한 달 넘게 물과 죽만 먹었다. 내시경 검사도 받았지만 신체적으로는 아무런 증상이 없다고 했다. 길에서 할머니 연배의 어르신을 보거나 할머니가 돌아가신 저녁시간이 되면 눈물이 흘러내렸다. 울어도 너무 울어 내 몸의 수분이 다 빠져나가는 것 같았다.

여러 번 울고 나서야 밥을 먹을 수 있었고 원래의 생활로 돌아올 수 있었다. 수의를 입고서 온몸이 딱딱하게 굳어있는 할머니를 보았으면서도 당시에는 할머니의 죽음을 부인하고 싶었던 마음이 너무나도 컸었다. 할머니는 태어날 때부터 함께였고, 어릴 때는 소꿉놀이를 해주는 친구였다. 그리고 내겐 또 다른 어머니이기도 했다. 소중한 사람이 사라진다는 것을 믿고 싶지 않았던 마음이 나를 힘겹게 했었다. 그녀의 죽음을 외면하느라 장례식에서는 눈물을 마음껏 흘리지도 못했지만, 장례식이 끝난 후에야 비로소 애도의 시간이 필요하다고 내 몸이 말해주고 있었다.

심리학에서는 이처럼 아무 이유 없이 몸이 아프거나 소화가 되지 않고 머리가 아픈 증상을 '신체화 증상'이라고 한다. 우리는 때때로 감정을 숨기기도 하고 괜찮은 척 웃으면서 넘어가기도 한다. 외롭다고, 힘들다고, 슬프다고 말하기 힘들 때가 있다. 그럴 때 신체기관들은 내면의 솔직한 마음을 대신해 말해준다.

지금 내 안에서는 어떤 이야기를 하고 싶어 하는지 말을 걸어보자.
눈, 코, 입, 손, 발, 다리……
내 몸에 귀를 기울이면 내 안의 감정들이 환하게 열릴 것이다.

오 늘 하 루,
당신의 몸에게
말을 걸어 보세요

YOUR
MIND
CREAM
made by maumdal

CHOCOLATE
STRAWBERRY
SWEETS

어느 부분이 가장 답답한가?

몸과 마음은 긴밀하게 연결되어 있다.

눈물을 흘리고 싶고 슬플 때는 목이 조이고,

두려움이 밀려올 때는 몸이 움츠러든다.

몸에게 이야기를 걸어보자.

내 몸과의 대화 시작하기

머리

자주 하는 생각은 무엇인가?

떠올리고 싶지 않은 생각은 무엇인가?

귀

듣고 싶은 말은 무엇인가? 가장 듣기 싫은 말은 무엇인가?

눈

보고 싶은 것은 무엇인가? 보고 싶지 않은 것은 무엇인가?

코

좋아하는 냄새는? 싫어하는 냄새는?

입

하고 싶은 말은 무엇인가? 차마 하지 못한 말은 무엇인가?

손

하고 싶은 것은 무엇인가? 하지 말았으면 했던 일은 무엇인가?

다리

가장 가고 싶은 곳은? 다시 가고 싶은 곳은?

왠지
모를
허전함이

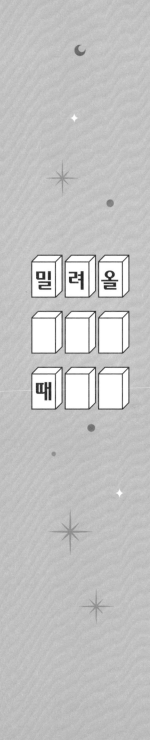

밀려올

때

예뻐지고 싶은 욕구,
부정할 순 없지만
- 폭식 소녀 제이의 이야기 1

"성형하고 싶어요.
제발 도와주세요."

      까만색 뿔테 안경, 부스스한 머리카락, 자신의 사이즈보다 작은 티셔츠를 입은 19살 소녀 제이는 실제 몸무게보다도 더 뚱뚱해 보였다. 늘 위축되어 있는 표정에서 그녀가 지금까지 타인으로부터 수없이 외모 지적을 받아왔으리라는 짐작이 들었다.

    제이를 바라보며 지난 3년간 롤러코스터를 탔던 내 몸무게가 떠올랐다. 사람들이 '보이는 것들'에 그렇게 관심이 많은 줄은 몰랐다. 원래 몸무게에서 3킬로그램이 빠지자 아파 보이니 병원에 가서 검사를 받아보라며 걱정했다. 그러다가 6킬로그램 정도가 찌고 나니 '살 좀 빼야 될 것 같은데?' 하며 다이어트에 관련된 온갖 조언을 해왔다. 살이 빠졌을 때나 쪘을 때나 내 몸무게는 정상 범위에 있었고, 체지방도 딱 평균이었다. 남들이 보기에 조금이라도 '보통'을 벗어나는 것은 참으로 피곤하다는 생각이 들었다.

솔직히 말해서 제이는 보통을 벗어나는 몸매의 소유자였다. 그녀가 상담실에 온 이유는 성형 때문이었다. 제이는 먼지투성이 신데렐라가 한 순간에 아름다운 공주로 변한 것처럼, 성형이라는 마법을 포기할 수 없었다. 이제는 돈만 있다면 동화 속 요정 할머니들을 언제든 쉽게 부를 수 있는 세상이다. 부모님도 그녀의 성화를 이겨낼 수 없었다. 간신히 부모님을 설득해 성형외과에 찾아갔지만 의사는 수술보다 심리치료가 먼저라고 판단했다.

예전 같았으면 외모로 상담실을 찾은 내담자들에게 스무 살이 될 때까지 성형수술을 미루라고 하거나 수술 자체를 다시 생각해보라고 설득했을지도 모른다. 그러나 '외모는 아무것도 아니야' '지금도 충분히 예뻐'라고 거짓말을 하기에는 세상이 많이 변했다. 라디오에서부터 버스 광고판까지 성형수술 광고가 차고 넘치는데 외모가 경쟁력이 아니라고 할 수 있을까? 상담에 앞서 제이의 내면에 숨어있는 좌절된 욕구들을 알아보기로 했다.

제이는 아주 어렸을 때부터 외모 때문에 괴로웠다. 명절에 친척들이 모이면 자신에게 문제가 있는 것 같아 숨고만 싶었다. '딸이 엄마랑은 하나도 안 닮았네'라는 말을 들을 때마다 일곱 살 제이는 엄마 뒤에 숨어 몸을 움츠렸다. 미운 오리 새끼처럼 어디에도 속할 데 없는 기분이었다. 밤마다 엄마처럼 예뻐지게 해달라고 기도했지만 이루어지지 않았다.

초등학교에 들어가자 남자 아이들의 놀림이 시작되었다. "이 못생긴 돼

지야!" 제이는 어안이 벙벙해졌다. 속상한 마음을 엄마에게 털어놓았지만 '괜찮아'라는 말만 들었다. 난 괜찮지 않은데 엄마마저 내 마음을 몰라주는 것 같아 서러웠다. 학년이 올라갈수록 물 먹은 솜처럼 몸은 점점 무거워져만 갔다.

중학생이 되자 또래 아이들은 더 노골적으로 놀렸고 부모님의 위로는 아무런 도움이 되지 않았다. 따돌림이 심해져 단짝 친구를 만들 수도 없었다. 결국 엄마가 학교에 찾아가 선생님들께 도움을 요청했고, 아이들로부터 형식적인 사과를 받아냈다. 하지만 잠시 동안만 잠잠할 뿐 며칠이 지나자 또다시 놀림이 시작되었다. 제이는 무엇 때문에 지옥 같은 학교에서 버티고 있는지 모르겠다고 생각했다.

자퇴를 고민하며 깜깜한 터널 같은 나날을 보내던 어느 날, 케이블 방송에서 메이크오버쇼^{make-over show}를 보게 되었다. 텔레비전에 나온 사람들은 제이와 비슷한 삶을 살고 있었는데, 놀랍게도 성형 후 삶의 모든 문제가 말끔히 해결되었다.

'외모를 바꾸고 나면 사람들의 반응이 달라지는구나. 난 친구를 사귀는 방법도 모르겠고, 특별히 다른 재주도 없어. 성형수술을 하면 내 미래가 활짝 열리게 될 거야!'

한 줄기 희망이 보이기 시작했다.

마음달 그래서 제이는 성형수술을 하고 싶었구나.

제이 그 여자는 괴물에서 미인이 되었어요. 성형 전에는 남자 친구가 못생겼다고 구박하더라고요. 그 여자는 남자친구 가 바람이라도 날까 걱정이 많았죠. 그런데 성형하고 예뻐지니 오히려 남자친구가 더 불안해하더라고요. 이 여자 가 다른 남자를 좋아할까봐 걱정도 하구요. 성형 후에 자신감도 생기고 행복해 보였어요. 저도 그래 보고 싶어요. 살도 좀 빼고 싶고요.

마음달 성형수술 하나로 인생이 바뀐 사람을 봤구나. 살을 빼고 싶다고 했는데, 지금 몸무게에서 얼마나 빼고 싶은지 말해줄 수 있어?

제이 아, 비밀인데…… 상담이니까 얘기할게요. 72킬로그램인데 45킬로그램 정도가 되고 싶어요. 연예인들은 다들 40에서 50킬로그램 사이더라고요.

제이는 부끄러워하면서도 자신의 몸무게를 솔직하게 이야기해 주었다.

마음달 그래, 연예인들은 다들 그렇더라. 근데 살은 언제부터 찐 거야?

제이 초등학교 때부터 애들하고 잘 못 지냈어요. 그때부터인거 같아요. 집에 오면 닥치는 대로 손에 잡히는 것을 먹었죠.

아빠도 단 것을 좋아하셔서 집에 과자가 널려 있었거든요. 다 먹고 나서야 정신을 차리게 되는 거 같아요. 후회돼요. 널려 있는 빈 봉지들을 보고 '내가 왜 그랬지?' 그러면서 화장실에 가서 먹은 것을 다 뱉어내요. 비밀이에요 이건. 창피해서 엄마에게도 말해주지 않았으니까…… 그런데 선생님, 저 성형수술하게 도와주세요. 심리치료 먼저 받고 병원 오라고 했으니까요.

기분이 좋지 않거나 후회스러운 기억이 떠오를 때, 외로움으로 힘겨울 때 배가 고파진다는 사람이 많다. 뇌의 시상하부에는 배고픔, 성적 욕구, 공포심, 투쟁 및 도주 반응, 수면, 포만감 등등 원초적인 욕구의 중추들이 모여 있고 이 중추들은 서로 연결되어 있다. 위장이 비어 있을 때만 배가 고프다는 신호를 느껴야 하는데, 어떤 이들의 뇌하수체 섭식중추 회로는 가짜 신호를 보내 배가 고프지 않은데도 배고픔을 느끼게 만든다. 그래서 시상하부의 섭식중추와 관련된 비만과 다이어트에 대한 연구들이 지속되어 왔다. 아울러 변연계에 속하는 시상하부는 감정과도 밀접하게 연관되어 있다. 음식은 신경이 곤두서 날카로워진 제이를 부드럽게 달래 주었을 것이다. 초코바, 라면, 빵 등 먹는 행위를 통해 정서적으로 이완이 되면서 쉼을 누릴 수 있었다.

누구나 고통이 찾아오면 즉각적으로 회피하려는 경향이 있다. 고통을 기쁨으로 손쉽게 대체할 수 있는 것들은 도처에 널려 있다. 텔레비전, 인터넷, 게임 등 무언가에 지나치게 중독되어 있다면 잠깐 멈춰 서서 내가 지금 정서적 허기를 느끼고 있는 건 아닌지 돌아봐야 한다. 몸과 마음은 서로 연결되어 깊은 영향을 주고받는다.

몸매로 사람을 판단하는 역사는 계속 되어왔다. 특히 미의 기준이라는 건 여성들에게 더 가혹했다. 중국 여성들은 전족이라는 풍습 때문에 발을 기형으로 만들었고 서양 여성들은 날씬한 허리를 만들기 위해 코르셋으로 몸통을 바짝 조이며 숨통이 막힌 채 살았다. 타인을 만족시키는 사람이 되기 위해서 여성들은 자신의 몸을 부인했다. 이로써 몸과 마음의 연결고리가 깨져나갔다. 타인의 시선에 지나치게 맞추기 위해 '나'라는 존재를 부인해버리면 결국 스스로를 잃어버리고 마는 것이다.

물론 인간은 환경과의 조화를 이루기 위해서 환경 자체를 변화시키거나^{alloplastic}, 환경의 요구를 충족시키기 위해 자신을 변화^{autoplastic}시킨다. 아울러 한국에서는 '나의 가족' '나의 집'이 아닌 '우리 집' '우리 가족'이라 말하는 집단 중심의 문화에 맞추느라 '있는 그대로의 나'를 부인하기가 쉽다.

마음달　　선생님이 보라고 한 영화들은 보았니?

제이　　네, 〈프린세스 다이어리〉 주인공은 원래 예쁜 여자인데 의상이랑 헤어를 바꿔서 모습만 달라진 것 같았고요, 〈미녀는 괴로워〉는 초반에 날씬한 여자한테 살만 붙였던 것 같았어요.

마음달	외모 말고는 뭐가 변한 것 같았니?
제이	눈빛도 달라지고 뭔가 당당해진 것 같아요. 저도 그러고 싶어요.
마음달	너 혹시 '패션 치료'라고 들어봤어? 최근에 본《옷장 심리학》이란 책에 나오는 건데, 의상이나 액세서리와 심리학을 결합한 심리치료야. 저자는 심리적 증상과 옷을 구입하고 입고 보관하는 것에 밀접한 영향이 있다고 얘기해. 제이의 옷차림은 어떤 것 같아?
제이	예뻐지면 그때 꾸미려고 그냥 지금은 신경 쓰지 않아요. 조금이라도 날씬해 보이려고 몸보다 작은 옷을 입고요.
마음달	언젠가는 예뻐지길 그날을 기다리면서 지금을 견뎌내는 구나.
제이	그런데 내 몸을 숨기고 어떻게든 작게 보이려고 하니까 몸이 더 커 보이는 것 같아요……

나는 끊어져 있는 제이의 마음과 몸의 연결고리를 다시 이어주고 싶었다.

마음달	제이는 자신의 외모를 혐오하고, 네 스스로를 완전히 부인하고 싶어 하는 것 같아. 아주 작은 것부터 바꿔보는 건 어떨까? 머리부터 괜찮은 미용실에서 곧게 펴고, 안경은 콘텍트렌즈로 바꾸고, 옷도 사이즈에 맞는 것으로 말이야. 속는 셈 치고 한 번 해봐.

그 후 상담에서 제이는 타이트한 티셔츠를 버리고 몸에 알맞은 티셔츠를 입고 왔다. 검은 뿔테 안경을 벗은 제이의 눈을 처음 마주했다. 제이는 어색한 듯 미소를 지었다.

마음달 가능한 한 네 모습을 가리고 싶다고 했었는데 큰 용기를 냈네. 네가 너를 버리고 싶어 하는데, 누군들 너를 사랑해줄 수 있겠니? 우리는 남들 모르게 자신에게 라벨링을 하고 있는지도 몰라. 언젠가 제이가 자신을 세상에 필요 없는 사람이라고 했었어. 제이는 자신을 그렇게 부르고 있는 것이지. '세상에 필요 없는 사람'. 네가 되고 싶다는 몸매의 연예인만큼은 아니지만, 전보다는 낫지 않니? 우리 이 상담시간을 '프로젝트 B'라고 이름 붙여볼까? 나중에 상담실에서 나갈 때 너 자신에게 뭐라고 이름 붙일지 기대되는데?

제이 프로젝트 B, 무슨 작전명 같아요!

뚱뚱하고 못생긴 것으로 인식했던 자기 자신을 의미 있는 모습으로 바라봐주는 작업이 시작되었다. 대상관계이론$^{object\ relations\ theory}$에서는 타자와 관계 형성을 하며 정서적인 유대를 맺고자 하는 것이 인간의 1차적인 욕구라고 한다. 제이는 상담자와의 관계를 통해서 자신의 정서와 감정을 읽어주는 자기대상을 찾은 것이다.

음식이 주는
짧은 위로에 대하여
- 폭식 소녀 제이의 이야기 2

이제는 제이가 외로움을 채우기 위해 위장 속에 꾸역꾸역 음식물을 밀어 넣는 것을 막아야 한다. 행동치료를 권유하기 전에 제이가 '언제, 어디서, 왜, 어떻게' 음식을 먹는지 현재의 상태를 자세히 살펴보는 것이 필요하다. 친절한 의사가 문진을 하듯이 말이다.

마음달   제이가 폭식을 하는 때는 주로 언제니?

제이   집으로 오는 길, 주로 네 시쯤이에요. 점심시간에 혼자 밥 먹는 것도 창피하고 애들이 나를 한심하게 보는 것 같아서 밥을 조금 먹거든요. 네 시쯤 되면 배가 너무 고파요. 편의점에서 과자만 몇 봉지를 사오거나 빵집에서 달콤한 빵을 골라 와요. 집에 오자마자 내 방에 들어가 방문 잠

그고 허겁지겁 먹어요. 그리고 나면 제 자신이 너무나 초
라해져요. 왜 그랬지 후회가 밀려오면서 지금보다 살이
더 찔까봐 두려워져요. 그럼 화장실로 달려가서 바로 토
해요. 그러면 왠지 후련하기도 하고 더 이상 살이 찌지는
않겠지 하는 생각도 들고 제 자신이 부끄러워져요. 난 왜
이럴까? 누가 알까 두렵기도 하고, 이런 제 자신이 끔찍
해요.

마음달   제이가 위로를 받을 수 있는 게 빵과 과자가 유일한 것 같
네. 먹어야 마음이 편해지니까 먹고, 그러다 너무 많이 먹
으면 또 뱉어버리고, 자신을 창피해하고…… 정말 힘들었
겠다.

우리는 변화에 앞서, 현재의 감정과 행동을 있는 그대로 받아들여야
한다. 있는 그대로의 자신을 인정하는 것이 무엇보다 우선시돼야 하는
것이다. 제이의 신경성 폭식증 증상에 대해 비난하는 것보다 그럴 수밖
에 없었던 이유를 읽어주는 것이 먼저였다. 제이는 점심시간마다 제대로
식사를 하지 못해 배가 고팠고, 집에 도착하고 나서야 비로소 밀려오는
안도감에 음식을 급하게 먹곤 했다. 제이가 음식을 먹을 때 따뜻하고 안
전한 느낌을 받았으므로, 음식의 양을 줄이라고 조언하는 것은 큰 도움
이 되지 않는다. 적게 먹으라는 식의 조언으로는 학습된 무기력의 고리
에서 벗어날 수 없었다.

마음달　점심도 제대로 못 먹으면 배가 너무 고플 것 같아. 아마 나라도 너처럼 음식을 허겁지겁 먹게 될 거야. 따뜻한 차를 보온병에 가지고 다니는 게 어떨까? 공복을 달래 줄 수 있을 거야. 그러면 심하게 허기져서 허겁지겁 먹지 않아도 될 것 같은데? 물 마시는 거는 다른 사람의 눈치를 보지 않아도 되고. 선생님 방에 망고차나 레몬차 같은 다양한 차들이 있어. 선생님이 갖고 있는 티백 몇 개 줄게. 그리고 집에 와서 음식을 먹을 때는 내가 말해준 음악을 틀어야 해. 방이 아니라 식탁에서 정해진 밥그릇이나 접시에 놓고 음식을 먹어야 하고. 그리고 타임워치를 맞추어 정확히 20분 동안 천천히 음식을 씹는 거야. 무엇을 먹었는지 매일 기록해서 너의 변화를 살펴봐. 선생님은 너와 실제로 함께 있을 수는 없지만 음악과 차를 마시며 마음으로 함께 있다고 생각해.

대상관계이론가 마가렛 말러$^{Margaret Mahler}$는 2살에서 4살 정도의 아이의 눈에 엄마가 보이지 않아도 엄마를 기억하면서 마음의 안정을 찾는 것을 '대상항상성'이라고 했다. 제이가 상담 상황이 아닌 곳에서도 심리적인 위안을 얻을 수 있도록 정해진 음악을 듣게 하며 상담실에서 마시는 티백으로 청각적·후각적으로 편안함을 느끼게 했다. 새로운 리츄얼^{ritual}● 을 만든 것이다.

제이	선생님, 어제는 또 허겁지겁 먹었어요. 왜 이렇게 잘 안 되는지 모르겠어요.
마음달	일주일 동안 한 번도 지키지 못했니?
제이	아니요. 어제 한 번만 그랬어요.
마음달	그럼 7일 중에 6일은 지킨 거네. 예전으로 돌아가고 싶은 것을 참느라 힘들었을 텐데 제이는 완벽하고 싶은 욕심쟁이인가 봐. 스스로에게 잘했다고 칭찬하지 않는구나. 제이 안의 감독관은 참 집요하다. 너를 참 못살게 구는구나.
제이	그런 거 같아요. '넌 제대로 하는 게 없어. 넌 왜 그러니?' 이런 말을 반복하죠.
마음달	아, 집요해. 집요해!
제이	신기한 게 차를 마시니까 향을 음미하면서 좀 편해지더라고요. 그리고 배도 덜 고프고. 선생님이 준 차를 마시니까 편안했던 상담실이 생각나기도 하고요. 아! 그리고 저 줄넘기 시작했어요. 많이는 못하고 한 20분 정도요. 지방이 워낙 많아서 이거 한다고 살이 빠질지는 모르겠지만 건강을 위해서 운동을 해보려고요.

모빌 하나가 움직이면 다른 모빌들이 순차적으로 움직이는 것처럼, 제이의 작은 변화가 또 다른 변화로 옮겨가기 시작했다. 제이는 그렇게 조금씩 자신의 외모를 가꾸고, 식습관을 바꾸고, 운동을 시작했다. 처음에

는 자신의 몸이 흉측하다고 보는 것조차 꺼려했는데 이제는 몸을 가꾸고 돌볼 여력이 생겼다.

진정한 변화는 내담자를 바라봐줄 누군가와 어울릴 때 일어나기 시작한다. 즉, 상담자가 중요한 자기대상이 되어야 하는 것이다. 처음에는 성형만을 고집하던 그녀와의 6개월이 지났다.

제이	제가 짝사랑한다는 남자애 있잖아요. 로즈데이에 그 애한테 번호를 물어봤는데 안 알려주더라고요. 치잇.
마음달	네가 대시를 했다고? 용기가 참 대단하다!
제이	고백도 못하면 억울할 것 같아서요.
마음달	요즘 먹는 것은 어떻게 하고 있니?
제이	요새는 그렇게 음식이 먹고 싶지도 않아요. 옛날엔 수업 마치고 집만 오면 음식 찾기 바빴는데 말이에요. 살이 빠져도 여전히 내 다리는 무다리지만…… 그래도 전보다는 괜찮아요.

제이는 조금씩 살을 빼 73킬로그램에서 65킬로그램이 되었다. 여전히 통통한 몸매이기는 하지만 예전과는 달라진 모습이다. 자신의 외모 때문에 다른 사람에게 다가가기를 두려워하던 그녀가 이젠 거절당해도 괜찮을 용기가 생겼다.

물론 제이가 계속 성공적인 경험만 한 것은 아니다. 지금도 종종 살을 빼라는 핀잔을 들으며, 스트레스 받은 날에는 음식을 허겁지겁 마구 먹기도 한다. 그러나 제이는 이제 초라해진 자신을 발견해도 다시 일어설 수 있다. 그렇게 내면의 용기가 자라나고 있었다.

> **마음달**   제이야, 너는 이제 네 이름을 뭐라고 하고 싶어?
> **제이**   음…… 그래도 괜찮은 나?

그래, 그걸로 충분하다.
'지금 이대로도 괜찮은 나.'

신화에 나오는 거인 프루크루테스는 자신의 침대에 맞지 않으면 사람들의 사지를 절단하거나 늘려서 죽여 버렸다. '그래도 괜찮은 나'는 타인의 시각에 이리저리 자신의 몸을 맞추어서 살고 있는 이들에게 제이가 전해주는 말 같았다. 제이는 내면의 감독관들의 수많은 잔소리 사이에서 아주 작고 세밀하게 들려오는 또 다른 목소리에 귀를 기울였다.

'그래, 그래도 괜찮은 나인 걸.'

프로젝트 B 완료!

쇼핑을
멈출 수 없다는
그녀에게

"행복은 있어도 유토피아는 없다."

_올더스 헉슬리, 《멋진 신세계》 중에서

어른이 되어보니 사는 게 쉽지 않다.

퇴근 후 쇼핑을 하거나 음식을 배불리 먹으면 잠시나마 오늘 하루에 대해 보상 받는 듯하다. 올더스 헉슬리Aldous Huxley의 소설 《멋진 신세계》는 평화로운 미래 세계를 그려내고 있는 듯하지만 실제로는 '소마'라는 환각제로 진실을 외면한다. 폭식과 잦은 쇼핑은 현재의 내가 선택한 소마인지도 모른다. 이런 일이 반복될 때는 혹시 내가 '만나야 하는 진짜 감정을 피하고 있는 것은 아닐까' 하고 살펴봐야 한다.

명희는 또 지름신이 내렸다. 퇴근 후 헛헛한 마음에 쇼핑을 시작한다. 더 이상 옷은 사지 않겠다 다짐했지만 큰 할인율과 한정판매라는 말에 스마트폰으로 바로 주문했다. 택배 박스는 쌓여가고 풀어보지 않은 것도 많건만 신상의 유혹을 이길 수가 없었다. 텔레비전에서는 연예인들이 맛있는 음식을 한 술 떠서 입 안에 넣고 있다. 자신도 모르게 입 안에 군침이 흘렀다. 새로 밥을 짓자니 귀찮아 배달음식을 시켰다. 다이어트 때문에 저녁 6시 이후로는 음식을 먹지 말아야지 다짐하고서도 맛난 음식을 먹는 장면을 보면 참지 못한다.

그녀는 쇼핑을 해도, 아무리 맛있는 밥을 먹어도, 허기가 진다고 했다. 그래도 새로운 옷을 사면 자신이 괜찮은 사람이 되는 것 같다고도 했다. 매장에 가서 비싼 옷을 살 때 희열이 느껴지고, 새로운 가방을 메고 나가면 타인의 시선을 한 몸에 받는 것 같아서 기쁘다고 했다. 그래서 집 앞 마트에 갈 때도 완벽한 메이크업을 하고 차려 입고 나갔다. 타인의 시선을 받지 않으면 왠지 초라해진 것 같기 때문이다. 하지만 월급 이상의 돈을 쓰다 보니 카드빚이 쌓여갔고 더 이상 이렇게 살아서는 안 될 것 같다고 했다.

그녀의 에피소드를 듣던 중 명품 가방을 든 여자로 대우 받았던 기억이 났다. 여느 때와 같이 상담을 마치고 정류장에서 집으로 걸어가는 길이었다. 의류매장 쇼윈도의 마네킹에 걸린 재킷이 괜찮아 보여 문을 열고 들어갔다. 직원 두 명이 나를 힐끗 보더니 테이블에 앉으라고 하면서 차를 한 잔 내오겠다고 했다. VIP를 만난 듯 지나치게 공손한 태도를 취해서 당황스러웠다.

당시 신고 있던 수제화는 값이 좀 나갔지만 내 전체적인 차림새는 명품과 거리가 멀었다. 방금 전에 본 재킷 이외에 몇 개의 재킷을 입어보는 동안에도 직원들은 힐끔거리듯 나를 쳐다보았다. 직원들의 시선이 점점 불편해져서 매장을 빨리 나가야겠다 싶었다. 이때 매장 직원이 질문을 했다.

"손님, 저 뭐 좀 물어볼 게 있는데 그 가방 어디서 구매하신 거예요? 그거 리미티드 에디션이라 구하기 힘든데."
"이거 벼룩시장서 산 건데요? 명품 아닐 걸요."
"오호호, 사모님 농담도 잘 하시네요."

가방 때문에 직원들이 그렇게 친절했던 거라니 웃음이 나왔다. 실제로 뚝섬유원지에서 주말에 열리는 벼룩시장에서 산 가방이다. 현금으로 딱 3,000원을 지불했는데, 명품 가방을 감쪽같이 카피했나 보다. 카피한 가방으로 인해 순간 돈 좀 있는 사모님으로 오해받은 것이다. 예전에 헬스장에서 운동을 하고 추리닝 차림으로 매장을 찾았을 때의 태도와는 너무도 달랐다. 그때는 손님이 화장을 하지 않으셔서 어느 옷이 어울리는지 찾기가 힘들다며 다음에 오셔서 보는 게 낫겠다는 말을 들었다.

가방 하나로 대접이 달라진다는 걸 처음 경험한 순간이었다. 멋모르고 들고 나간 가방이 이미테이션인 줄도 몰랐고, 그 가방을 보면서 VIP 대접을 받게 되었던 일에 웃음만 날 뿐이었다. 보이는 것에 그토록 신경 쓰는 것은 스스로에 대한 만족감이 아니라 이처럼 '타인의 존경이나 대우' 때문일지도 모른다.

명품 브랜드의 가치에 대해서는 인정한다. 능력을 가진 사람들이 명품을 소비를 하는 것에 대해서도 반대하지 않는다. 그런데 명품 브랜드를 하나 정도 걸쳐주어야 대접을 받을만한 사람으로 평가되는 세태에 대해 마음 한켠이 씁쓸했다. 자신의 정체성을 확인하겠다는 일념 하에 값비싼 가방들이 소비될 때도 있을 것이다. 만약 명품 가방을 살 경제적 여유가 있다면 나는 여행을 가고 싶다. 소비보다는 체험에 돈을 쓰고 싶기 때문이다. 이렇듯 사람마다 돈에 대한 평가기준은 다르다.

물론 TPO(시간, 장소, 상황)에 맞게 옷을 입고, 자신만의 스타일을 만드는 것 또한 중요하다. 하지만 타인의 시선을 지나치게 의식해 무작정 명품으로만 꾸미기를 시작하면 자신의 속 모습은 아무것도 아닌 게 될 것이다. '타인이 자신을 어떻게 바라볼까'를 고민하는 이들을 보면 역으로 자신이 타인을 쉽게 판단하는 경우에 속하는 일이 많았다. 타인의 옷과 가방을 자신의 것들과 끊임없이 비교하기도 한다.

이효리가 멋있다고 느끼기 시작한 것은 그녀가 모피, 화려한 치장을 버리고 그녀만의 매력을 가졌을 때부터였다. 수수한 모습의 그녀는 여전히 스타일리시하고 아름답다. 진짜 매력은 '자기 자신을 마음에 들어 하는 것' '자신에 대한 깊은 자존감'에서 나온다.

타인에게 어떻게 대우 받는지에 관심을 갖기 전에 내가 스스로 매력을 느끼는 부분은 무엇인지부터 찾아야 한다.

자신만의 매력을 알고 있는 여자는 충분히 아름답다.

그래,

그걸로 · 충분하다

지금·이대로도

괜찮은·나

제 2 장

오 늘 도

수십 번 흔들린

마음

　나를 찾아오는 사람들 중 자신의 성격이 마음에 들지 않는다는 이들이 꽤 많다. 누군가 내게 성격이 어떠하냐고 물어오면 단번에 대답하기가 곤란하다. 왜 그럴까? 성격은 다른 사람과 구별되며, 일관성 있게 유지되는, 여러 요소로 이루어진 심리적인 속성이기 때문이다.

　심리학자 허긴스[Higgins]는 자기지각의 유형은 실제적 자기, 이상적인 자기, 당위적 자기가 있다고 했다. 세 가지 자기가 서로 조화를 이루는가, 불일치를 이루는가에 따라 정서가 달라질 수 있다고 한다. 즉, 이상적인 자신의 모습과 실제 자신의 모습이 다를 때 우울해하고 낙담한다. 또한 실제 자신의 모습과 당위적 자기가 불일치할 때 불안해지고 초조해져서 자신의 모습이 마음에 들지 않아 힘들어한다는 것이다. 그럴 때 우리는 나 자신이 아닌 다른 누군가가 되기 위해 애쓰기 시작한다.

　상담의 첫걸음은, 있는 그대로의 나를 받아들이는 것에서부터 시작한다.
　나 자신을 사랑하지 못하는 자는 남을 사랑할 수가 없다.
　당신이 바라보는 '나'의 모습은 어떠한가?

나도
내성적인 내가
힘들어요

"제 성격 좀 바꿔주세요.
내성적인 내가 맘에 들지 않아요."

수줍음이 많은 메이는 사람들에게 말을 거는 것이 두려웠다.
어렸을 적부터 누군가를 만나는 것이 그렇게 떨릴 수가 없었다. 친한 친
구들과는 농담도 하고 밝게 웃을 수도 있었지만, 낯선 사람들에게 다가
갈 때는 온몸이 돌처럼 굳어버렸다.

누군가에게 먼저 다가가지 못하는 이유는 여러 가지다.
혹시 거절당하는 건 아닐까, 무안해지는 건 아닐까…… 상대방의 눈치
를 보게 되고 몸은 경직된다. 자신의 흠을 잡지 않을까 하는 걱정 때문
에 다른 사람을 만날 때마다 걱정이 앞선다.

특히 봄만 되면 이러한 이유로 상담실을 찾는 사람들을 볼 수 있다.

'새로운 반에 잘 적응할 수 있을까? 어떤 아이들과 같은 반이 될까? 친한 친구들과 같은 반이 되었을까?'라며 또래관계 문제로 걱정하는 중고등학생들, '회사에 적응하기 너무 힘들어요'라는 신입사원들.

이와 같이 낯을 심하게 가리는 사람들은 결국 가족들에게 짜증을 내거나 지금 하는 일을 그만두겠다고 하거나 중간에 조퇴를 하고 싶다는 생각을 한다. 그저 누군가가 먼저 말을 걸어주고 다가와 줬으면 한다. 하지만 그럴수록 새로운 사람과 관계 맺기는 더욱 힘들어지게 된다.

이런 유형의 사람들이 걱정하는 또 하나는 친구가 없는 자신을 바라보는, 타인의 시선이다. '혼자 있을 때 다른 사람들이 그런 날 이상하게 쳐다보면 어쩌지?'라고 생각하며 두려움에 휩싸이곤 한다.

20대 직장인 메이를 상담실에서 처음 만났을 때 숨죽이고 있는 작은 토끼 같았다. 여리고 가녀린 몸에 큰 눈으로 나를 물끄러미 바라보고 있는 모습 때문이었다. 그녀는 새로운 직장에 적응하기 힘들다고 했다. 미술치료에선 창문이 없는 방에 갇힌 그림과 늪에 빠져있는 모습을 그렸는데 다른 사람이 자신을 도와주기를 기다리며 가만히 있을 것이라고 했다. 그녀의 고립감은 이토록 생생했다.

메이는 친한 단짝 한 명만 생긴다면 좋겠다고 했다. 학창시절 동안 절친한 친구가 한 명도 없었던 것은 아니지만, 낯가림이 심하고 새로운 사람들을 만나는 것도 익숙하지 않았기에 학교와 집 밖을 벗어난 이외의 활동은 전혀 하지 않았다. 부모님은 어린 시절부터 몸이 약했던 외동딸 메이가 힘든 일을 겪지 않도록 최선을 다했다. 틈틈이 먹을 간식을 챙겨주고 등하교 때마다 차로 태워주셨다. 학원도 최고의 학원을 선택하게 했고 진로 또한 부모의 선택을 따르게 했다.

부모의 보호 아래서 메이는 삶의 고민 없이 살아갔다. 마치 무균실에서 보호받는 꽃 같았다. 따가운 햇빛, 거친 흙, 비바람을 겪어가면서 단단해져야 하는데 좌절감을 맛보며 성장할 수 있는 기회들이 차단되었다. 그렇게 메이는 자기주장을 할 수 없는 무기력한 사람이 되었다. 식당에서 음식이 잘못 나오거나 불친절한 직원을 만나 컴플레인을 걸만한 상황에서도 머뭇거리다가 말 한마디 제대로 하지 못했다.

직장생활에서 다양한 나이대의 사람들, 특히 선배나 상사들의 눈치를 보게 되면서 점점 작아지는 것 같았고 어깨도 처지고 목소리도 더 작아졌다.

"메이 씨, 힘 좀 내요!"

"왜 그렇게 기가 죽어 있어요. 어깨 좀 펴고 그래요."

"메이 씨는 말이 너무 없다. 말 좀 해요."

메이를 향해서 응원의 말을 하는 선배들의 말이 고맙기는 했지만, 뭔가 잘못된 것을 지적받는 것 같아서 속이 상했다. 선배들은 그녀를 격려하려고 한 말이었지만, 전부터 자신의 성격에 문제가 있는 것은 아닐까 수없이 고민했던 메이는 점점 위축되었다. 같이 입사한 동기가 화사한 웃음으로 다른 직원들과 쉽게 친해질 때면 너무나도 부러웠다.

"성격을 고치고 싶어요."

메이는 말했다.

타고난 기질과 성격을 어떻게 바꿔야 할까? 꽤나 많은 사람들이 내성적인 성격을 바꾸고 싶어 한다. 활달하고 밝은 성격은 좋고, 내성적이고 진중한 성격은 문제가 있다는 이분법적인 사고는 이해하기 힘들다. 그러나 자기주장을 제대로 하지 못하고 타인에게만 맞추고 있다면, 다시 살펴봐야 한다.

메이는 부모의 생각에 맞춰 사느라 자신의 욕구를 주장하지 못했다. 어린 시절 부모와 깊은 친밀감을 경험했다면 대인관계에 어려움을 느낀다 할지라도 금방 회복할 수 있다. 그러나 나를 지지해줄 중요한 대상관계가 있다는 경험을 하지 못했을 때 관계 내의 민감성은 더욱 커진다. 청소년기에 이런 관계 패턴이 반복된다면, 성인 초기 발달단계에서 이루어야 할 중요한 과제인 친밀감을 형성하지 못하는 경우가 발생되기도 한다.

그녀는 주변 사람들로 인해 힘들다고 했다. 친해지고 싶은 사람도 없고 그들과 친해질 수도 없을 것 같다며 자신의 마음을 알아봐주는 사람이 생기기만을 원했다. 친구가 없을수록 나를 무조건적으로 이해해주고 말없이 잘해주는 누군가가 나타나길 더 바라게 된다. 주변 사람에 대한 기대는 점점 높아져 눈빛만으로 서로를 이해할 수 있는 이상적인 관계를 원하기도 한다. 막연한 기대이며 유아적인 소망이다.

이때는 타인에게 내 욕망과 기대를 거는 것을 줄이고 단 한 명만이라도 친한 사람을 만들어 보자. 먼저 인사를 하고 말을 걸다 보면 친구 한 명은 만들 수 있을 것이다. 상담실에서 친구 따위 필요 없다던 사람들도 몇 명의 친한 무리가 생기면 소소한 즐거움을 알게 되며 무기력하던 눈빛도 반짝거린다.

직장이 친구를 사귀러 가는 곳은 아니다. 그러나 식사시간까지 합쳐 하루 9시간을 함께하는 동료들과의 관계가 서먹하다면 일할 맛이 나지 않는 것은 당연하다. 메이에게 성격을 바꾸기보다 아주 작은 일부터 변화시켜 보자고 했다. 이번 주 워크숍이 있을 때 다른 사람들이 먼저 다가와주기를 바라지 말고 먼저 인사하고 아는 척을 해보자고 했다.

마음달   내성적인 성격을 고치려고 100명의 여자에게 데이트를 신청했던 사람이 있었어요. 데이트 신청을 받아준 사람은 몇 명이었을까요?

메이   글쎄요, 몇 명은 있지 않을까요.

마음달   아무도 데이트 신청을 받아주지 않았대요.

메이   아, 완전 기죽었을 것 같아요.

마음달   그럴 수도 있죠. 그런데 중요한 것은 데이트의 성공이 아니었어요. 그 사람은 거절에 대한 두려움을 이겨냈거든요. 거절이 그렇게 두려운 것은 아니라는 것을 알게 되었

고요. 그 사람 직업이 뭔 줄 알아요? 인지치료자 엘리스[Ellis]
예요. 나중에는 연설도 잘하고 인기 있는 남자가 되었대요.

메이   그런데 저는 여전히 누군가에게 다가가는 것이 두려워요.

마음달   맞아요. 낯선 사람을 만나면 저도 편하지는 않아요.

메이   선생님도요?

마음달   그럼요. 내성적인 성격을 고쳐야만 변화할 수 있다면 그
건 참 힘든 일일 것 같아요. 아주 작은 행동들을 변화시
키는 것부터 해봐요. 그렇게 하나하나 시작하는 거죠.

메이   전 사람들하고 무슨 말을 해야 할지도 모르겠거든요.

마음달   말을 잘하는 사람이 인기가 있는 것처럼 생각하기 쉽죠.
그런데요, 사람들이 좋아하는 사람은 자기 이야기를 잘
들어주는 사람이더라고요. 남의 말에 '그래요' 하면서 맞
장구쳐주는 사람이요. 상대가 이야기하는 것에 관심을
가지고 질문을 해보세요. 나한테 관심을 가지는지에 초
점을 맞추지 말고 먼저 타인에게 관심을 가지는 거예요.
그렇게 하나씩 시작해 봐요.

메이는 워크숍에서 타인에게 관심을 가지려고 노력했다. 타인의 행동
하나하나에 관심을 갖다보면 자신의 욕구나 바람들은 잊게 된다. 그러다
보면 점점 욕구가 작아지는 것이다.

콩닥콩닥 두근두근…… 다른 사람에게 말을 걸려고 할 때마다 심장

소리가 확성기처럼 점점 크게 들려왔다. 입술을 꼭 깨물었다. 힘들지만 지금처럼 살고 싶지 않았던 그녀는 조금 더 적극적으로 사람들에게 말을 걸었다. 한 명, 두 명, 세 명. 그렇게 몇몇 사람들에겐 먼저 인사를 건네고 말을 할 수 있었다. 수줍음을 이겨내기 위해 용기를 낸 것이다.

메이   선생님, 저 선배 중에 여행이야기를 하시는 분이 있어서 먼저 질문을 했어요. 어디 가셨는지요. 그랬더니 어디가 재미있었는지 이야기 해주시더군요. 그러다가 조금 친해졌어요.

마음달   먼저 다가갔군요. 그래요, 실천이 중요하죠.

메이   이렇게 이야기하다 보면 사람들하고 친해질 수 있겠죠? 저를 싫어하는 사람이 있을까 걱정이 되기도 해요. 보고서에 실수가 있어서 부장님께 지적을 받았는데 순간 움츠러들었어요. 다음에 또 혼나면 어쩌지 걱정이 밀려왔고요.

마음달   그럴 때도 있죠.

메이   '실수할 수도 있다. 다음에는 이런 일을 줄이면 된다. 나는 완벽할 수 없다……' 상담실에서 기록했던 카드를 조용히 읽었어요.

마음달   그래요. 그렇게 조금씩 실천해 봐요.

이제 메이는 출근길이 더 이상 두렵지만은 않았다.

자신의 내성적인 면도 인정하기로 했다. 화사한 얼굴로 방긋방긋 잘 웃는 입사 동기처럼 많은 사람들과 친해지기는 힘들 것이다. 하지만 직장 생활에 힘들 때도 있고 기쁠 때도 있음을 인정하고 세상을 배우면서 살아갈 것이다. 세상의 비바람을 맞아가면서 가끔은 상처 입더라도 그렇게 자라는 나무가 될 것이다. 그렇게 사람들과 숲이 되어서 어울려갈 것이다. 이젠 더 이상 부모의 보호를 받으며 가냘픈 꽃으로 살지는 않을 것이다.

사소한 말에
쉽게
무너질 때

"선생님, 저한테 뭘 할 건가요? 레드 썬?
선생님이 제 마음을 다 읽어낼 것 같아 왠지 두려워요."

어떤 사람들은 나를 신비한 능력이 있는 마녀라도 되는 것처럼 바라본다. 이럴 땐 마녀모자와 수정구슬이라도 있어야 할 것 같다. 나는 아무 이야기도 하지 않는 사람들의 마음을 읽어낼 능력도 없고, 최면을 배운 적도 없다. 심리학은 통계적이고 과학적인 학문이다. 대학원에서는 뇌와 신경심리와 관련된 생물심리학부터 통계, 상담심리연구법, 성격심리, 학습심리, 이상심리, 정신병리, 심리치료 등을 배운다.

하지만 아무리 많은 공부를 하고 상담을 오래했다고 해도 단번에 상대의 문제를 해결할 능력은 없다. 상담에 대한 오해 중 하나는 내담자의 질문에 상담자가 정답을 말해주면 마법처럼 문제가 한 번에 해결될 것이라는 믿음이다. 좋은 말을 듣는다고 해서 사람이 쉽게 바뀌는 게 아니다.

물론 몇 번의 상담만으로 공황증상, 불면, 분노 폭발들이 줄어들었다는 내담자들도 종종 만난다. 그러나 외부로 나타난 문제증상이 해결된 것이지 근본적인 변화에는 시간이 많이 필요하다. 변화가 빠른 내담자들은 변화하고자 하는 동기가 높았고 자기감찰능력도 뛰어난 사람들이었다.

혹, 상담실에 갈 용기도 없고 돈과 시간도 없다면
나에 대해 자세히 살펴볼 수 있는 방법은 없을까?

문제가 있는 아이의 행동을 개선시켜주는 방송 프로그램이 있다. 시청자들은 아이의 달라진 모습을 기대하면서 보게 된다. 아동심리 전문가가 등장해 문제 상황에 개입하고 나면 아이의 행동이 교정된다.

그런데 이 프로그램에는 또 하나의 전문가가 있다. 바로 '24시간 돌아가는 카메라'다. 카메라는 처음부터 끝까지 객관적인 제3자의 시선으로 아이의 일거수일투족을 세밀하게 관찰한다. 마찬가지로, 문제 상황에 직면했을 때 마음카메라를 설치해 바라본다면 내 마음을 잘 살펴볼 수 있을 것이다. 이때 '객관적'이고, '세밀'하고, '낯설게' 바라보는 것이 포인트다.

이를 위해서는 심리치료를 통한 '관찰적 자아'를 키우는 작업이 필요하다. 상담자는 내담자가 무슨 이야기를 하는지 구체적이고도 자세하게 탐색하게 하면서 스스로를 살펴보게 해야 한다. 여기에는 다섯 단계가 있다.

첫 번째, 상황을 판단 없이 사실대로 이야기한다. 상담실에 온 민정은 동료가 이기적인 행동을 해서 화가 났다고 했다.

마음달	이기적이라는 판단을 잠시 내려놓고 사실만을 이야기해 볼까요? 갈등이 생겼을 때 타인을 탓하는 것은 쉬운 방법이죠. 옳고 그름은 나중에 따져 봐도 늦지 않아요. 동료들을 이기적이라고 했던 당시 상황을 살펴봐요. 카메라를 '줌아웃^{zoom-out}'해 상황을 저 멀리서 영화처럼 바라보는 것이죠. 구체적으로 이야기해 볼까요? 동료의 어떤 행동 때문에 힘든가요?
민정	회사 동기들과 일을 마치고 영화를 보러 가기로 했어요. 일을 다 끝내 가는데 대리님이 갑자기 다른 업무를 시켜서 조금 늦어졌죠. 대리님은 정말 고문관이에요. 퇴근할 때만 되면 그래요. 겨우 일을 끝내고 회사 로비로 허겁지겁 나가 보니 아무도 없는 거예요. 메시지가 왔는데 동료들은 내가 늦는 것 같아서 영화관에 먼저 가있겠다고 하더라고요.

두 번째, 나의 감정을 찾아라.

마음달	관찰한 것을 잘 설명했어요. 이제는 반대로 카메라를 나에게로 '줌인^{zoom-in}' 해봐요. 그럴 때, 내 감정은 어떤가요?
민정	정말 화가 나요.
마음달	일상에서 우리는 감정이 어떤지 묻지 않아요. 내 감정을

찾아본 적이 없으니 감정을 찾기가 막막하죠. 대부분의 화는 2차 감정이죠. 화 이면에 다른 감정이 숨어있을 때가 많죠. 그러니 지금 잠시 멈춰서 내 감정을 살펴봐요.

민정　　음…… 무시당한 거 같았어요.

세 번째로, 당신의 좌절된 욕구를 찾아라.

마음달　　무시당한 것 같다고요.

민정　　나는 소중한 사람이 아닌 것 같았죠. 동료들이 나를 생각해주지 않는다는 생각이 드니 외롭고 쓸쓸하고 그렇더라고요.

부정적인 감정이 올라올 때는 숨겨진 욕구를 알아차리는 것부터 시작해야 한다. 민정의 화가 나는 감정 이면에는 동료들에게 소중한 사람이 되고 싶은 욕구가 좌절되어 있었다. 민정은 동료들이 평소에 자기를 소중히 생각했다면 영화 시간에 조금 늦더라도 기다려주었을 것이라고 생각했다. 그런데 그들은 먼저 가버렸고 무시당한 것 같은 생각에 화가 올라왔던 것이었다.

네 번째, 당신의 생각이 정말 사실인가? 실제로는 동료들이 민정을 무시한 것이 아닐 수도 있다. 동료들은 퇴근시간이 되자 지겨운 회사를 빨리 탈출하고 싶었을 수도 있고, 배가 고파서 빨리 간식이라도 먹고 싶었을지도 모른다. 아니면 무척이나 보고 싶었던 영화라 앞부분을 놓치고 싶지 않았을 수도 있다.

내담자들 중 상대와 대화해 보지도 않고 그의 행동을 추측하는 것 때문에 인간관계가 틀어지는 경우가 많다. 민정 역시 소중한 사람으로 대우받고 싶다는 욕구가 너무 중요한 나머지 동료를 이기적이라고 지레 판단하고 다른 가설들에 대해선 생각하지도 못한 것이다. 문제를 바꿔보기 전에 무엇 때문인지 이유를 찾아야 하는 것은 이 때문이다. 이를 짚어내지 못하면 화를 내는 것을 줄이거나 충동성을 줄이는 방법을 찾는다고 하더라도 다시 원래대로 돌아가게 된다.

결국 민정의 생각이 화를 불러일으킨 것이었다. 민정은 또다시 비슷한 상황에 처하면 다른 사람을 이기적이라고 생각하고 화가 나게 될 것이다. 같은 상황이라도 사람마다 반응이 제각각인 것은 어린 시절의 환경, 세계관, 경험 등이 연관되어 있다. 자동적인 사고는 순식간에 일어나는데 민정은 타인이 자신을 '무시'한다는 생각으로 이끄는 경우가 잦았다. 평소 당신에게도 자주 느껴지는 감정이나 생각이 있다면, 이때 잠시 멈추어 자동적인 사고를 살펴봐야 한다.

동료가 먼저 가버린 것에 대해 대수롭지 않게 여기는 사람에겐 이런 일이 특별히 문제 될 것이 없는데 민정에게는 이 일이 유독 크게 다가왔다. 민정은 마음이 상하면 토라졌지만 타인에게 그 마음을 제대로 표현하지 못했다. 혼자 꽁한 채로 주변 사람을 불편하게 해서 달램을 받기도 힘들었다. 솔직하게 '좀 기다려주지 그랬어'라고 말했다면 동료들의 마음을 제대로 확인해볼 수 있었을지도 모른다.

용의 턱 아래에는 거꾸로 난 비늘이 있는데, 이 비늘을 건드리면 용이 크게 화를 낸다고 한다. 이를 '역린'이라 부른다. 누구나 역린을 가지고 있다. 사람들에게는 각자 연약한 부분이 있다는 것이다. 어떤 문제들은 그냥 넘길 수 있다가도 이 역린을 건드리게 되면 우리는 화를 낸다. 자신의 연약한 부분이 무엇인지 살펴보게 되면 자신의 진짜 속마음을 이해할 수 있게 된다.

다섯 번째, 현재의 경험처럼 과거에 비슷한 일은 없었는지 생각해 보자. 자신의 감정을 잘 살필 수 있게 된다면 과거로 돌아가 보는 것도 도움이 될 것이다.

마음달	내가 소중한 것 같지 않다고 느낀 적이 있나요?
민정	그러고 보면, 중학교 때 외로웠던 것 같아요. 초등학교 때까지만 해도 친구들이 저를 잘 챙겨줬거든요. 중학교에 입학하면서 동네 친구들은 근처 중학교로 가고 저만 따로 떨어졌는데 누구와 같이 다녀야 할지 몰랐어요. 그때 한 무리가 생겼는데 저를 잘 챙겨주지도 않고 저 또한 잘 끼지도 못하고 그렇게 지냈던 것 같아요. 그래서 지금도 무리에서 소외당할까봐 매번 염려하는 것 같아요.

중학교 여자 아이들에게 단짝이 없는 외로움은 상당한 고통이다. 민정은 혼자인 상황이 되면 또래로부터 배척받았던 그때의 감정이 떠올라서 견디지 못했던 것이다. 청소년기가 되면 부모의 영향력에서 점차 벗어나는 반면, 또래의 영향력은 더욱더 중요해진다. 이 시기에는 친구관계를 통해서 신뢰감을 느끼게 되므로 또래로부터 소외받게 되면 정상적인 심리발달에 어려움이 생길 수 있다.

현재의 문제 증상을 치료해도 근본적인 이유를 알지 못하면 과거의 패턴에서 벗어나지 못한다. 과거의 결핍욕구가 현재에 미치는 영향을 살펴봐야 하는 것이다. 그리고 내게 충족되지 않은 욕구에 대해 충분히 애도하고 슬퍼할 줄도 알아야 한다. 상담실에서 민정은 그때의 외로움, 소외감, 쓸쓸함을 경험한 사건들에 대해 이야기했다. 민정에게 그때의 자신에게 할 수 있는 말을 빈 의자를 가리켜 해보도록 했다.

"괜찮아, 지금은 혼자가 아니야.
그리고 혼자가 된다고 해도 나는 나를 다독일 수 있어."

민정은 외로웠던 자신의 마음을 토닥이면서 마음속의 자아가 한 뼘 더 자란 것 같았다.

다른 사람의 말보다 우리의 독백이 중요하다.
내면의 말들은 나의 감정과 생각에 많은 영향을 미친다. 그래서 우리는 내면의 생각들을 잘 관찰해야 한다. 어둔 밤길을 지켜주는 가로등과 CCTV처럼 우리 마음을 밝게 비추고 감정을 세밀히 관찰해보자.

타인의
시선 때문에
긴장된다면

민지 꿈에서 천 개의 눈이 달린 나무를 보았어요. 그 나무의 눈들이 얼마나 무섭던지…… PPT 발표를 하던 그날, 부서 팀원들 모두 나를 뚫어지게 보던 그날부터 꿈을 꾼 것 같아요.

마음달 직원들 앞에서 발표를 했다던 그때부터군요?

민지 네, 그날 가슴이 쿵쿵거리면서 손에 땀이 나고, 정신이 멍해지고, 더듬거리는 것 같았어요.

마음달 그랬군요. 발표할 때 무엇이 그렇게 두려웠어요?

민지 내가 발표를 두려워한다는 걸 직원들이 눈치 챌까봐 목소리도 떨고…… 날 약한 사람으로 알지 않을까, 그러면 비웃지 않을까…… 심장이 터질 것 같았다니까요. 두근두근 하면서 말이에요.

사람들 앞에 나설 때 떨려 본 적이 있는가? 프레젠테이션 시간이 되면 긴장돼 어쩔 줄 모르겠다는 직장인들이 은근히 많다. 특별히 훈련되지 않은 이상, 대다수의 사람들은 대중 앞에서 발표하는 것을 불편해한다. 위험에 특히 예민한 인지도식을 가지고 있는 사람들은 이 시간을 과도하게 받아들인다. 다른 사람들의 반응에 예민해져 더듬이를 세우고 온갖 에너지를 타인에게만 쏟는다.

민지는 두려움의 목록을 나열했다. 첫째, 팀원들이 웃는 것. 둘째, 다른 사람들이 자신의 떨리는 목소리에 대해 뒷담화를 할지도 모른다는 것. 그녀의 관심은 온통 다른 사람들의 반응에 초점이 맞춰져 있었는데, 꿈에서 보았다는 천 개의 눈이 달린 나무는 타인의 시선에 민감해져 나타난 두려움의 형상인 것 같았다.

사회적 상황에서 다른 사람과의 상호작용을 두려워하는 것을 '사회공포증'이라고 한다. 1932년 미국의 생리학자 캐넌^{Cannon}이 발표한 이론에 의하면 스트레스 상황에서 '투쟁 및 도주$^{fight-or-flight}$' 반응이 나타난다고 한다. 만약 산길을 걷다가 무방비 상태에서 맹수를 만난다면 도망을 가야 할 것이다. 빨리 달아나기 위해서 소화기, 혈압, 맥박은 바쁘게 움직이며 아드레날린이 분비돼 전신의 근육이 활성화되기 시작한다. 호흡은 가빠지고 땀이 나게 될 것이다. 위험신호에 대한 몸의 반응이다. 그리고 이를 경험한 사람은 나중에 비슷한 상황에 처하기만 해도 불안해질 것이다. 이전과 같이 두렵고 공포스러운 상황인지 확인해보기도 전에 다시 불안해진다. 민지의 경우도 마찬가지이다. 발표시간만 되면 신체적인 변화가 일어나고 불안감이 강화되었다.

불안장애로 상담실을 찾는 이들의 대부분은 성취욕이 높고 남들 앞에서 괜찮은 모습만을 보여주고자 하는 경향이 있다. 그들은 소심한 모습을 버리고 당당하고 자신감 있게 말하는 사람이 되기 원한다. 외향적이고 씩씩한 모습이 이상적이라고 생각하기 때문에 자신의 소극적인 모습을 발견할 때마다 실망감을 느낀다.

타인에 대한 두려움이 많은 이들은 '나의 부족함을 사람들이 알게 되면 나를 싫어할 거야'라는 신념을 갖고 있다. 그래서 자신의 성격을 바꾸고자 하는데 타고난 성향은 크게 변화하지 않는다.

소심한 것은 문제가 아니다. 소심한 자신에 대해 지니는 부정적인 신념이 문제인 것이다. 천 개의 눈이 달린 나무가 민지를 지켜보았다는 꿈은 외부에 대한 엄청난 두려움 때문인 것으로 추측되었다. 자신의 결함, 부족한 면으로 인해 무리로부터 소외당할 것 같다는 두려움이 올라온 것이다. 주변으로부터 배척되고 싶지 않기에 발표 때 자신의 불안감을 들키고 싶지 않았던 것이다.

'내가 실수를 하면 다른 사람들이 나를 무시할 거야……'

불안해하는 자신을 스스로 관찰하면서 다른 사람 또한 자신을 부정적으로 평가할 것이라는 두려움에 불안감은 더욱 커진다. 아울러 타인이 자신의 신체변화에 주목하고 있을 것이라고 굳게 믿는다. 발표하는 순간에 찾아오는 신체적인 변화, 자기에게 관심이 쏠릴 것이라는 자기초점적 주의 성향, 사회적인 상황에서 자신에 대한 부정적인 지각으로 인한 공포가 밀려온다.

그럴 땐 자기 수용이 필요하다. 발표를 할 때 자신이 긴장했음을 인정하고 받아들이는 것이다. 자신이 떨고 있다고 판단한 뒤 떨지 않으려고 애쓰는 것보다는 오히려 '제가 발표할 때 좀 떨어요'라고 말하며 인정하는 태도가 필요하다. 주변 사람들은 긴장한 발표자의 말에 미소로 답할지도 모른다. 발표할 때 긴장하는 것은 대다수가 경험하는 일이기 때문에 다른 사람들도 발표자를 이해해줄 것이다. 발표불안은 혼자만의 두려움이 아니다. 솔직하고 연약한 모습을 보여줘도 괜찮다.

민지에게 두려움을 피하지 말고 찬찬히 살펴보자고 권유했다. 그리고 두려움의 위계목록을 작성해 보았다.

「불안 10: PPT를 마치고 부정적인 피드백을 듣는 것, 불안 8: PPT를 마치고 질문을 듣는 것, 불안 6: PPT를 하다가 사람들이 비웃는 것 … (이하 생략)…」

이런 식으로 불안을 유발하는 자극을 기록하면 두려움이 구체적으로 세분화된다. 그리고 발표를 앞두고 불안해하며 시간을 보내기보다 더 철저히 연습하기 시작했다.

민지	저 이번에 발표했어요.
마음달	어땠어요?
민지	팀원들 앞에서 먼저 발표해 본 거라 괜찮았는데 나중에 거래처 사람들 앞에서는 어떻게 될지 모르겠어요.

마음달	민지 씨의 긴장한 모습을 팀원들이 아는 것 같았나요?
민지	음…… 선생님 말씀대로 친한 직장동료들한테 물어보았는데 잘 모르겠대요. 입사 동기는 제가 조금 긴장하는 것 같기는 한데, 발표할 때 누구나 다 그렇지 않느냐고 하더라고요.
마음달	민지 씨가 심하게 긴장한다는 걸 다른 사람들은 잘 모르는 것 같아요. 사람들 말 들어보니 어때요?
민지	동료들이 내게 관심이 없어서 모르는 게 아닌가 싶기도 하고, 나한테 솔직하게 말하지 못한 것은 아닐까 염려스럽기도 하고. 그런데 조금 안심이 되기도 하고. 마음이 여러 가지예요.
마음달	발표시간에 떨리는 건 지금은 어느 정도예요? 0에서 10까지로 말한다면?
민지	음. 이제 6 정도?
마음달	저번에 말했던 8보다는 나아졌네요.
민지	이제 고객사 앞에서 발표만 잘하면 괜찮아질 것 같기도 해요.

불안한 상황을 벗어나는 가장 쉬운 방법은 피하는 것이다. 눈앞에 보이지 않는 두려움이 온몸을 꽁꽁 묶었을 때 두려움을 한시라도 빨리 피하고 싶다. 그러나 두려움을 회피할수록, 불안을 극복할 기회는 점점 잃

게 된다. 영화로도 유명한 해리 포터 시리즈에서 등장인물들은 볼드모트가 너무 두려워 이름조차 부르지 못해 '그 사람' '어둠의 마왕'이라고 지칭했다.

그러나 불안을 극복하는 방법은 두려움을 만나는 것이다.

해리 포터 또한 처음부터 용감하진 않았다. 친척들에게 놀림 받고 심지어는 옷장 속에 갇히기까지 하는 불우한 어린 시절을 보냈다. 하지만 마법학교에 입학하고부터 자신의 정체성을 찾아가기 시작했다. 여러 가지 위험에 맞닥뜨렸지만 두렵다고 포기하지 않았다. 성장을 위해선 고통을 감내해야 한다.

당신이 어떤 비난을 들었건 어떤 경험을 했건 당신을 믿고 두려움을 극복하기 시작해야 한다. 두려움을 세분화시켜 가장 낮은 단계부터 가장 힘든 단계까지 작성해보고 조금씩 그것들을 깨보는 것이다. 발표 불안, 글쓰기, 데이트 신청하기 등 무엇이든 가능하다.

더 이상 피하지는 말자.

다시 한 번 말하지만, 두려움의 해답은

두려움의 대상을 만나는 것뿐이다.

마음은
부대끼며
성장한다

"난 내 이름이 기억이 나지 않아. 그냥 R로 불러.
내가 누구였는지 이름도 직업도 기억이 나지 않아.
LP판으로 음악을 듣는 게 다른 좀비와의 차이점이지.
가끔 내가 누구인지 궁금하고, 왜 이러고 있을까 고민도 해.
내 절친한 친구하고는 그르렁거리는 소리와 눈빛으로 감정을 표현해.
대화를 해본 적이 없어서 그게 다야."

_영화 〈웜 바디스〉의 주인공 좀비 R

상담실에 온 준은 영화에서 본 그 좀비 같았다. 어딘지 음침하고 창백해 보이는 준은 고개를 구부정하게 숙이고 있었다. 온몸이 뻣뻣하게 굳어 있어 다른 종류의 사람인 것 같았다. 마음의 벽을 높이 쳐놓고 자신을 건드리지 말라는 무언의 표현을 하고 있었다. 명문대생인 준이 이곳에 온 이유는 학교를 중퇴하겠다는 선언 때문이었다. 단 한 번도 반항한 적이 없던 준이 방에서 나가는 것을 거부하기 시작했고 이에 놀란 부모는 그를 상담실로 억지로 끌고 왔다.

부모는 준이 어린 시절부터 우수한 성적을 받아왔기 때문에 친구가 없는 것은 아무런 문제가 되지 않는다고 여겼지만, 그는 분열성 성격장애의 양상을 보였다. 대부분의 시간에 혼자서 책을 읽었고 마음을 털어놓는 친구도 없었다. 감정 반응도 둔화되어 있어서 마치 스산하고 황량한 벌판에 홀로 서있는 고목나무 같았다. 고개를 푹 숙이고 눈조차 마주치지 않는 준과 어떻게 관계를 맺어가야 하는지 방법을 알 수 없었다. 준의 이런 행동들이 친구들과 관계 맺는 것을 방해했을 것이다.

상담실에서 가장 중요한 것은 내담자와의 관계에서 신뢰를 형성하는 라포rapport를 맺는 일이다. 준이 마음을 닫는 이상 상담자도 어떻게 할 수 없다. 아무 말도 하지 않는 준과의 만남을 몇 달째 지속하면서 내가 하는 상담이 과연 의미 있는 것인지 의심스럽기도 했다. 그러나 부모의 말에 의하면 집에만 있던 준이 스스로 버스를 타고 상담하러 오고가는 모습을 보건대 상담시간을 내심 기다리는 것 같다고 했다. 50분 동안 준을 만나는 게 답답하기도 했고 어떤 날은 상담을 빨리 마쳤으면 싶기도 했다. 아무런 반응 없이 침묵하는 사람과 단 둘이서 한 공간에 있는 것은 무척이나 힘든 일이었다. 그는 침묵의 공간에서 어떻게 오랜 시간을 견뎌왔던 것일까.

어느 날 부모가 다음 학기에 준이 복학하겠다고 했다며 이제 상담은 그만두겠다고 했다. 학업 포기를 선언한 내담자가 학교에 가게 되면 문제가 전부 해결된 것처럼 상담을 그만두는 부모들을 수없이 봐왔다. 증상 이면의 핵심문제를 깊이 있게 탐색해야 하는데 그 시간을 기다려주지 않는다. 부모의 입장에서는 아이가 다시 학교에 다니는 것이 상담목표였기 때문이다. 상담실에서 준과 함께 묵언수행을 한 것이 무슨 도움이 됐는지는 알 수 없었지만 상담실이 준에게 안전지대가 되었을 것으로 생각하며, 세상 밖으로 나가는 준을 응원해주었다.

  꽤 오랜 시간이 흐른 뒤 준의 부모로부터 전화가 왔다. 준이 다시 자퇴를 하겠다며 하루 종일 방 안에만 있어 걱정이라고 했다. 상담실을 다시 찾아온 준은 전과는 사뭇 다른 모습이었다. 내 눈을 힐끔 쳐다보고 인사를 했다. 대부분의 질문에 '네, 아니오'라는 대답이 전부였지만 그의 목소리를 들을 수 있는 것만으로도 기뻤다. 상황의 심각성을 깨달았는지 준의 부모는 아무런 문제가 없다고 주장하던 전과 다르게 준의 발달사를 솔직하게 말해주었다.

  준은 전문직 종사자인 부모의 불화로 여러 양육자에게 맡겨졌다. 중학교 때 이후부터 함께 살게 되었지만 부모는 여전히 바빴고 준은 혼자 있는 시간이 많았다. 부모는 아이가 감정표현이 좀처럼 없어 뭔가 이상하다고 느꼈지만, 학습능력이 뛰어났기에 또래와 어울리지 못하는 부분은 대수롭지 않게 여겼다고 했다.

  준은 인지적으로는 우수했으나 심리적, 정서적으로는 메말라가고 있었다. 아이들은 자신의 행동이나 말이 관심을 이끌어내지 못할 때 구석으로 물러난 후 표현을 멈춘다. 몸이 성장하며 근육이 붙는 것처럼 감정의 근육도 자라야 한다. 준이 보유하고 있는 어휘력은 뛰어났으나 일상생활의 표현력은 미숙했다. 준의 감정에 공감하고 수용해주는 이들이 없었기 때문이었다.

사람은 자신의 감정을 그대로 반영해주는 사람이 필요하다. 그래서
상담은 어떤 기법보다 관계가 중요하다. 로저스^{Rogers}는 상담자가 진솔성,
무조건적인 긍정적 존중, 정확한 공감을 하면, 내담자가 이 관계를 이용
하여 성장하고 변화하려는 능력을 자신 내에서 발견할 수 있게 되고, 인
간적 발달이 일어난다고 했다.

준은 성적이 오르면 칭찬을 받았고, 성적이 떨어지면 심하게 야단을
맞았다. 부모는 정서 표현을 불필요한 것으로 여기고 오로지 지식 추구
만 우선시했다. 준은 불안한 감정이나 떨쳐버리고 싶은 감정이 있을 때면
무작정 밀쳐냈다. 불안이나 긴장을 수반하는 사건에 직면했을 때에는 지
적으로 설명함으로써 정서적인 어려움에 빠지지 않으려고 했다. 감정에
대해 표현할 때에는 논리적이고 현학적인 설명을 하곤 했는데 실제로 자
신의 감정과 마주하기 두려웠기 때문에 이를 차단하기 위함이었다.

어린 시절부터 준은 속상한 감정을 잘 표현하지 못하는 대신 배가 자
주 아프거나 쉽게 피로해하는 신체증상이 자주 나타났다. 신경성 위염이
라는 진단을 받고 배가 아플 때마다 병원을 다니면서 일시적으로 증상
을 해결했다.

준은 고등학교 때까지 학업성적으로 자신의 존재감을 확인했는데, 대
학 입학 후 자기보다 더 뛰어난 사람들을 보면서 좌절했다. 세상이 두려
워졌다. 그래서 방 안에서 자신만의 성을 쌓고자 했던 것이다.

영화 〈웜 바디스〉에서 좀비 R은 줄리를 만나면서 변하기 시작했다.
"줄리를 만나고 심장이 뛰기 시작했어.
줄리와 나는 서로를 알고 싶었어.
줄리가 좀비 흉내를 내기도 하고,
내가 사람처럼 보이려고 화장도 했지.
어느 날부터 내 얼굴에서 표정이 생기고,
목에 있는 푸른 핏줄이 사라지면서 붉은 피가 흘렀어.
난 상처를 받을 수도 있고 아플 수도 있는 인간이 되었어."

상담실에서 준과 함께 있으면 쓸쓸하고 무력한, 고갈되고 혼자인 듯한, 버림받은 듯한 느낌을 받았지만, 조금씩 준이 변하고 있음을 느꼈다. 준에게 기분을 물어보면 '똑같아요'라는 말만 반복했지만 가끔은 나와 이야기하다가 흐흐흐 하고 웃기도 했다. 노자, 장자, 비트겐슈타인 등 철학자들의 난해한 지식을 늘어놓던 준이 미소를 지을 때는 장난기 많은 어린아이 같았다. 준의 관심사를 알기 위해 사기열전과 서양의 지혜를 읽어보기도 했지만 철학은 여전히 어려웠다. 상담자의 지적 한계로 인해 준이 말한 이야기의 절반도 이해하지 못했지만 그의 관심사에 귀를 기울이려고 노력했다. 타인에 대한 관심은 그에게 들이는 시간과 비례한다.
다행히 준은 전보다 생기 있어졌고 운동장에서 우연히 알게 된 동네 친구들과 농구를 하기도 했다. 일 년 후 준은 다시 학교로 돌아갔다. 상담 마지막 날, 마지막이라고 생각하면 슬프고 힘들 것 같다며 오늘이 마지막이라는 말은 하지 않았으면 한다고 했다. 그리고 '여기 오면 주변이 흑백에서 칼라로 바뀌는 것 같았어요'라며 감사해 했다. 이후 내가 다른 내담자와 상담 중일 때 준이 선생님께 전해달라며 마카롱을 한 상자를 선물로 두고 간 적도 있었다. 마카롱을 하나 베어 물면서 달콤한 맛과 함께 진짜 이별이 실감돼 씁쓸해졌다. 좀비 같던 준이 내게 의미 있는 대상이 될 줄은 상상도 못했다. 상담은 이별을 전제로 하기에 준과의 헤어짐이 아쉬웠지만, 보내야 했다. 무소식이 희소식이라고 잘 지내고 있는지 다시 연락은 없었다.

당신의 표정이 굳어져 간다면 감정이 정체되어 막혀 있는 곳은 없는지 잘 찾아봐야 한다. 하루하루 살아가기가 급급해 타인과 정서를 공유할 수 있는 통로가 사라진 것은 아닌지 말이다. 이럴 때는 기쁠 때 웃고, 슬플 때 눈물을 흘리고, 친구들과 낄낄거리며 떠들 수 있는 아주 소소한 즐거움들을 찾아야 한다. 삶의 생기가 사라지고 있다면 근처 푸른 숲길을 산책하면서 감각을 열어보는 것도 도움이 된다. 무슨 소리가 나고, 어떤 냄새가 맡아지는지, 나무의 촉감은 어떤지, 무엇이 보이는지 하나하나 발견해나가는 것이 필요하다. 내 몸의 감각을 찾아가는 것 또한 나의 감정을 찾고 나답게 살아가는 방법이기 때문이다.

마음이 따뜻해질 때 몸도 살아날 것이다.

당신의 두려움
사이즈는
얼마인가요?

YOUR
MIND
CREAM
made by maumdal

CHOCOLATE!
STRAWBERRY
SWEETS

하고 싶은 일이 있다.

하고 싶은 일이 있는데……

너무너무 하고 싶은 일이 있는데……

두려움의 사이즈가 너무 커서

시도조차 할 수 없을 때에는 어떻게 해야 할까?

구체적인 행동의 세분화

나는 글을 쓰고 싶었다

글을 쓰기 위해 하루 한 페이지씩 삼십 분 동안 글을 쓰는 것부터 시작했다. 글쓰기 관련 책을 읽어도 글 쓰는 것은 힘들었다. 글 쓰는 스킬을 안다고 해서 잘 쓰는 것은 아니었기 때문이다. 글재주가 그리 뛰어나지도 않았기에 그저 책상에 앉아 진득하게 쓰는 수밖에 없었다.

무엇이든 처음은 힘들다

그러나 두려움으로 움츠러들수록 내 삶의 공간은 좁아진다. 무엇이든 시도하지 않으면 언제나 제자리만을 맴돌 수밖에 없다. 새로운 시도를 해도 발전이 느린 자신에게 답답함을 느낄 수도 있다. 하지만 누구든지 사다리를 타고 한 번에 맨 꼭대기로 올라갈 수 없는 것처럼, 단번에 빠른 성장을 보일 수는 없는 것이다. 그 미비한 한 걸음 한 걸음이 당신을 성장시킬 것이다.

뇌는 새로운 경험을 할 때 가소적인 변화를 일으키게 된다. 신경 성장인자는 수상돌기를 자라게 하고, 새로운 뉴런을 발달하게 한다. 즉, 행동이 변화함으로써 새로운 도전에 적합한 방향으로 뇌가 변화한다는 것이다.

당신의 두려움 사이즈를 줄여드립니다
; 구체적인 행동의 세분화

계단을 단번에 올라갈 수 없듯이

우리의 두려움도 한 번에 정복할 수는 없습니다.

하지만 그것을 서서히 줄여나갈 수는 있어요.

계단을 올라가듯 차근차근 내 안의 두려움과 만나보세요.

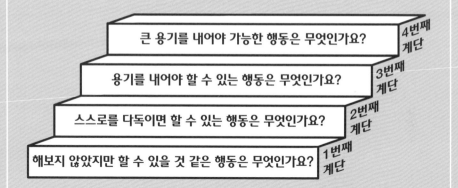

큰 용기를 내어야 가능한 행동은 무엇인가요? 4번째 계단

용기를 내어야 할 수 있는 행동은 무엇인가요? 3번째 계단

스스로를 다독이면 할 수 있는 행동은 무엇인가요? 2번째 계단

해보지 않았지만 할 수 있을 것 같은 행동은 무엇인가요? 1번째 계단

삼켜
버렸을
때

이유 없는
화는
없다

타인의 말에 하루 종일 심란할 때가 있다. 우리는 히키코모리가 아닌 이상 가까이 하고 싶지 않은 사람과 부대끼며 살아가야 한다. 쿨한 척 괜찮은 척 하고 넘어갈 때가 많지만 내 마음은 너그럽지 않아서 조그마한 일에도 생채기가 난다. 이럴 때면 온몸에 가시가 돋아나 나를 힘겹게 하는 사람들이 더 이상 다가오지 못하는 상상을 하곤 한다.

"난 뒤끝이 없잖아."

욱하는 사람 대부분이 주변사람들에게 자주 하는 말이다. 우리 이제 좀 솔직해져 보자. 할 말을 다했는데 뒤끝 있는 사람이 얼마나 있을까? 물론 살아가면서 화가 날 수는 있다. 하지만 화를 잘 내는 사람이 과연 회사의 윗사람이나 모임의 리더에게 하고 싶은 말을 다할 수 있을까? 갑을관계에서 을은 화내는 갑에게 어찌할 도리가 없다. 게다가 다른 사람의 태도에서 악의를 읽어내는 편집증적인 성격의 사람을 만나게 되면 조심하는 수밖에 없다. 어떤 행동을 해도 당신의 행동이 부당하다고 느낄 것이기 때문이다.

애석하게도, 상담실을 찾는 사람은 욱하는 사람이 아니다. 욱하는 사람 때문에 힘들어서 찾아오는 이들이 더 많다. 정작 분노조절이 되지 않아 치료를 받아야 하는 대상은 상담실에 오지 않는 것이다.

학원 강사인 영희는 학생들을 잘 가르쳐 인기 있는 선생님이었지만, 최근 들어 격렬하게 분노를 터뜨리는 일이 잦아지자 학부모들로부터 컴플레인이 들어오기 시작했다. 원장은 영희에게 상담을 받아보도록 권유했다.

상담실을 찾아온 영희는 학생들이 학원 과제를 제대로 하지 않을 때 폭발하게 된다고 했다. 그녀의 마음속엔 학생들의 성적이 떨어지면 자신이 실력 없고 무능력한 강사로 보일 것이라는 걱정이 늘 자리 잡고 있었다. 모든 일에 미리 염려하면서 완벽하게 일처리를 하고 싶은 욕구가 높았다. 더 인정받는 강사가 되고 싶은데 학생들이 영희의 뜻대로 따라와 주지 않으면 참을 수 없었던 것이다. 이미 학원에서 잘 나가는 강사임에도 영희는 실제 자신의 능력에 대해서 확신하지 못했다. 언젠가는 부족함이 드러날 거라는 불안감과 학생들의 실력이 떨어질 것 같다는 걱정 때문이었다. 그녀는 상담을 통해, 스스로를 무능력하다고 여기는 잘못된 신념이 분노 뒤에 감추어져 있었다는 것을 알게 되었다.

타인의 말이나 행동으로 내 마음이 흔들릴 때는 '무엇 때문인지' 스스로를 자세히 살펴보자. 어떠한 '말'이 문제인지 아니면 그 말에 대한 '나의 신념'이 문제인지 찾아봐야 한다. 누군가의 말에 내 맘이 하염없이 흔들릴 때, 자신을 이해할 수 있는 기회일지도 모른다.

마음이 오르락내리락 롤러코스터를 타는 날은
내 안의 소리에 집중해보아야 한다.

유독 나를
화나게 하는
말, 말, 말

"제가 왜 이러는지 모르겠어요.
아이에게 소리소리 지를 때는 스스로 봐도 미친 것 같아요.
왜 이럴까요. 좋은 엄마가 되고 싶은데 정말 뜻대로 안 돼요."

다음에는 그렇게까지 화내지 말자고 주영은 다짐했다. 하지만 어느 순간 자신도 모르게 사소한 일에 폭발해버리고 만다. 기억상실이라도 걸린 것처럼 같은 일이 반복된다. 용암이 머리 꼭대기까지 치솟아 화산폭발이 일어나는 것처럼, 몸 안에서 열이 훅 올라오면 쉽사리 가라앉지가 않았다. 손에 잡히는 물건을 벽을 향해 던질 때도 있었다. 화가 나면 마치 헐크처럼 변해버리는 것 같다.

아이에게 크게 소리를 지르고 나면 잠깐 동안 속이 시원해지나 싶지만 시간이 흐른 후에는 내가 왜 그랬나 싶어 후회가 밀려온다. 죄책감이 스멀스멀 찾아오고 내면의 감독관이 소리를 지른다.

"넌 엄마가 돼서 대체 왜 그 모양이니!"

주영은 이내 곧 자괴감에 빠져 자신을 초라하고 보잘것없는 존재라고 느낀다.

  이따금 발생하는 폭발적 분노 때문에 힘들어하는 사람들이 있다. 이러한 내담자들에게는 제일 먼저 자기 자신의 감정을 살펴보라고 한다. 같은 상황에서 나는 화가 나는데 옆 사람은 화를 내지 않는다면 나의 분노가 과연 합당한지 의문을 가져볼 필요가 있는 것이다. 특히 어떤 특정한 말을 들을 때마다 분노에 휩싸인다면 나의 마음을 자세히 탐색해 보도록 하자.

  화가 나는 빈도를 '특성 분노'라고 하고, 외부의 상황 때문에 일시적으로 분노를 경험하는 것을 '상태 분노'라고 한다. 당신은 주로 어떠한 상황에서 화가 나는가?

  또한 분노를 밖으로 표출하는 이도 있고, 안으로 누르는 이들도 있다. 스필버거^{Spielberger}는 분노 표현 양식을 분노 억압, 분노 표출, 분노 통제로 구분하였다. 분노 억압은 분노를 마음에 담아두는 것이고, 분노 표출은 자신의 분노를 타인에게 나타내는 것이며, 분노 통제는 화가 난 상황을 다스리기 위해서 분노를 조절하고 관리하는 것을 말한다.

  분노 표현 양식은 주로 성장과정에서 부모를 통해 학습된다. 부모의 분노 표현 양식이 자녀에게 그대로 대물림될 수도 있다는 것이다. 물론 타인이 내게 해를 가하려 할 때 자신을 보호하기 위해 화를 낼 수도 있다. 그러나 대부분의 화는 2차 감정으로서 실제 중요한 감정은 마음속 깊숙이 숨어있을 가능성이 높다. 특히 내 자존감을 건드리는 일이 있을 때 분노하는 경우가 많다.

주영은 아이의 말 때문에 화가 났다고 했다. 아이가 주영에게 '난 우리 반 애들하고 놀고 싶지 않아. 혼자 있고 싶어'라고 말한 것이다. 왜 그 말이 주영을 헐크로 변하게 했을까? 아이의 말을 듣는 순간 주영의 마음속엔 다음의 감정들이 스쳤다고 한다.

왜 친구들과 잘 어울리지 못하지?
분명히 내 아이는 앞으로 외톨이가 될 거야.
아이는 외로움에 힘겨워하겠지.
나는 아이를 제대로 키우지 못한 엄마가 되고 말 거야……

분노의 이면에는 불안이 있었다.
아이가 친구들과 제대로 지내지 못하고, 결국 자기 자신도 좋은 엄마가 되지 못할 것이라는 불안이 주영을 그토록 분노하게 만든 것이다. 이렇게 내 안의 감정들을 읽었다면, 이제는 나의 과거로 돌아가 아이가 혼자 되는 것이 왜 그렇게 불안한지 살펴보면 된다. 심리치료사들이 과거를 탐색하는 이유는 현재의 문제 증상에 대한 근본적인 이유를 찾기 위함이다.
과거의 결핍은 지금 이 순간까지 영향을 미친다.
우리가 겪은 힘든 고통이나 강한 정서 경험들은 뇌의 안쪽 변연계의 편도와 해마에 저장된다. 편도체는 무의식을, 해마는 의식을 담당한다. 강한 정서적 자극을 주는 힘든 상황이 오면 편도체는 평소보다 과도하게 활성화되고 해마는 억압된다. 이후 과거의 상황이 연상되는 자극이 생기면 당시의 감정이 되살아나 꿈틀댄다. 말 그대로 '머리로는 알겠는데 몸이 뜻대로 움직이지 않는다'와 같은 상황인 것이다.

주영은 어릴 때부터 말주변도 없고 수줍음이 많았다. 친구를 사귀는 일이 힘들어 늘 외로웠다. 맞벌이로 주영을 돌봐주지 못했던 엄마에 대한 원망도 있었지만, 돈 버느라 바쁜 그 모습이 힘겨워 보여 투정 한 번 부리지도 못했다. '혼자가 된다는 것'은 사막에서 홀로 쓸쓸함을 견뎌내야 하는 일처럼 그녀에게 두려운 기억을 환기시키는 것이었다. 주영은 엄마에게 제대로 된 보살핌을 받지 못했던 과거가 결핍욕구로 남게 되었고, 누군가와 함께 있다는 것은 그녀에게 매우 중요한 의미가 되었다.

혼자 있고 싶어 하는 아이와 주영의 외로웠던 어린 시절은 별개의 문제였지만, 그녀의 머릿속에서는 이 둘이 분리되지 않았다. 자라 보고 놀란 가슴 솥뚜껑 보고 놀란다고, 혼자 있고 싶다는 아이의 말을 들으니 가슴 한켠에서 서늘한 바람이 마구 불어오는 것 같았다. 외로웠던 과거의 기억이 감당할 수 없는 고통이 되어 밀려오는 것이다. 아이는 그저 혼자 있는 시간이 필요한 것뿐이었다. 그러나 어느 누구도 다가와주지 않아 외로웠던 주영의 내면아이가 어른이 된 이후에도 마음속에 남아 있었기 때문에 아이의 말에 흔들린 것이다.

나의 감정과 내 아이의 감정은 별개다. 이를 받아들여야 한다. 주영은 '그래, 내가 많이 외로웠지. 어린 시절은 내게 힘든 시간이었어. 그러나 지금은 결혼도 했고 아이도 낳았지. 내가 쓸쓸했던 것과 아이가 외로운 것은 별개의 문제야. 아이는 혼자 있는 시간이 필요한 것뿐이야' 하며 스스로를 안아줬다.

부모가 아이에게서 자신의 연약한 모습을 발견하게 되면 힘든 것처럼, 타인에게서 나의 그림자 영역을 발견하게 되는 경우 화가 날 때가 있다. 그럴 때면 '내가 또 화가 나는구나' '내가 힘이 들었구나' 하며 자신을 받아들이고 스스로를 토닥여주어야 한다. 즉, 자신의 감정을 있는 그대로 받아들이고 이해하는 것 먼저 시작해야 한다. 아울러 새로운 리츄얼^{ritual}을 만드는 것이 필요하다.

분노가 반복된다면 화가 나는 지점이 어디인지 알아차릴 필요가 있다. 물론 깨달아도 단번에 고쳐지지는 않는다. 하지만 계속해서 자신의 감정을 의식적으로 살펴보려 한다면 화의 크기는 점차 줄어들 것이다. 누구나 화가 나는 지점이 있다. 내 안에서 좌절된 욕구와 소망들은 무엇인지 찾아보자. 아무리 노력해도 그 상황에서 화가 누그러들지 않는다면, 어떤 특정한 말을 들었을 때 분노로 몸이 뜨거워지는지 확인하고 인정하는 것에서부터 시작해보자.

나는
왜 자꾸
짜증이 날까?

"나는 가시투성이야… 나를 건드리면 가시에 찔리지…
가시는 매일 자라나…
누구에게나 가시가 있어."

_《가시소년》중에서

시은은 '짜증나'가 입에 붙어버렸다. 친구들과 이야기할 때도, 가족이 회사는 잘 다녀왔냐고 물어볼 때도, 짜증난다는 말만 반복했다. 시은이는 고슴도치처럼 가시를 세우고 조금이라도 신경이 거슬리면 콕콕콕 찌를 것 같은 태도였다.

"지금 당신의 감정은 어떤가요?"

상담 중 내담자들에게 감정 상태에 대해 물어보면 의외로 대답하기 어려워한다. 자주 듣는 세 가지 대답은 '그냥 그래요'나 '짜증나요' 혹은 '몰라요'이다.

어른이 되어가는 과정 중 신체적 발달은 급속도로 이루어지는 데 반해 정서적인 발달은 늦어지는 경우가 많다. 그렇기 때문에 청소년기의 발달과정에서 가장 중요한 것은 자아정체성 찾기이다. 특히 스스로에 대한 능력, 성격 등 자기 자신을 주관적으로 판단하는 '자아개념'의 발달이 매우 중요하다.

몸이 커가는 만큼 감정도 성장해야 나 자신에 대해 잘 알아차릴 수 있다. 하지만 대다수의 사람들이 청소년기에는 대입 준비로 바쁘고, 대학에 가서는 학점관리와 취업준비에 시간을 쏟아부으면서 열심히 달려오다, 어쩌다 어른이 되었다. 그래서 여전히 자신의 감정을 제대로 표현하는 것이 어렵다.

'기쁨, 슬픔, 소심, 까칠, 버럭' 다섯 가지 감정이 주인공이 된 영화 〈인사이드 아웃〉처럼 우리 안에는 수많은 감정들이 있다. 평소에 기쁨이는 주인공 라일리를 위해 동그라미로 선을 그어서 슬픔이가 빠져나오지 않게 하려고 한다. 이처럼 슬픔을 느끼지 않으려 하는 이들이 있다. 눈물을 통한 정화는 연약하고 힘든 감정들을 보지 않으려 하는 이들의 모습과도 비슷하다고 생각되었다.

그런데 과연 우리는 슬픔을 통제할 수 있을까? 외면할 수 있을까?

슬픔을 느끼지 않으려는 이들을 종종 보게 된다. 자신의 연약한 모습과 힘든 감정을 애써 쳐다보지 않으려는 것이다. 그러나 주인공 소녀 라일리가 슬픔을 느끼며 성장했듯이 우리 안의 감정들 모두 의미가 있다.

특히 '짜증'은 분노, 슬픔, 우울 등이 이리저리 엮인 감정의 실타래이다.

수많은 부정적인 감정들이 자신의 색채를 띠지 못한 채 그저 '짜증난다'는 말로 한번에 처리돼버리고 만다. 그러나 내 안의 불편한 감정을 '짜증나' 한 마디로 툭툭 내뱉게 되면 주변으로부터 신경질적이라거나 까다로운 사람이라는 부정적인 피드백을 받을 뿐, 그 감정은 해소되지 않는다.

이럴 때에는 내 마음이 무엇 때문에 힘들고 속상한지 잘 살펴보자. 억눌린 감정들을 제대로 표출하지 못하면 언젠가는 밖으로 폭발하거나 안으로 스며들어 우울감이 밀려올 수도 있다.

감정이란 '어떤 현상이나 일에 대하여 일어나는 마음이나 느끼는 기분'으로서 삶의 동기^{motivation}가 되는 중요한 역할을 한다. 내 안의 수많은 그리고 소중한 감정들을 제대로 전달하는 능력을 가질 수 있다면 평상시에 자신을 표현하는 데 도움이 될 수 있을 것이다. 아울러 자신의 감정을 잘 알아차릴 수 있다면 타인의 감정에도 잘 공감할 수 있을 것이다.

짜증이 나서 내 감정을 쉽게 알아차릴 수 없을 때, 내 몸을 자세히 관찰해 보자. 나는 상담 중에 내담자의 언어와 몸의 반응, 표정이 일치하지 않을 때면 언어보다는 몸의 반응이 더 정직함을 느낀다. 그때 일은 괜찮다고 말하면서 얼굴이 굳은 채로 미간을 찌푸리고 있다면 아직 불편한 감정이 남아있는 것이다.

우리의 몸은 정직하다. 두려움이 밀려올 때는 움츠러들고, 슬픔을 참으려 할 때는 가슴이 조이듯이 아파온다. 정서적으로 불안할 때는 감각을 느끼는 것조차 힘들어 스스로의 감정에 접촉하지 않으려 한다. 이런 방식이 반복되면 자신이 정말 무엇을 원하는지 알아차릴 수 없게 된다. 한 가지 팁이 있다면 짜증이 자주 날 땐 몸이 지쳐 있다는 사인일 수 있으니 아픈 곳은 없는지 살펴보는 것이다.

짜증이 나서 내 감정을 쉽게 알아차릴 수 없을 때, 감정을 명료화해 보자.
즐거운, 기쁜, 슬픈, 화나는, 신나는, 여유로운, 시무룩한, 경쾌한, 발랄한, 우울한, 힘이 없는, 무력한 등등……
감정을 명료화하는 것조차 힘이 든다면 지금 이 순간 어떤 이미지가 떠오르는지 구체화시켜보자. 감정을 알아차리는 일은 결국 자기 자신이 되어가는 과정이다.

내 안에서 뾰족한 가시가 올라와 짜증이 날 때,
내 감정은 보지 않고 자신은 괜찮다면서
주변사람들 탓을 하고 화만 낼 때,

'내 안의 가시 같은 것은 없다'고 못 본 척 하지 말고 부정적인 감정들을 잘 돌봐주도록 하자. 수많은 가시들은 나를 지키기 위해 스스로 만든 보호 장치일지도 모른다. 〈인사이드 아웃〉에서 '기쁨'뿐만이 아니라 '슬픔'도 중요했듯이, 내 안의 감정은 그 어느 것이든 무척이나 소중하다. 때로는 눈물을 흘리는 것이 당신의 감정을 정화시켜 줄 것이다.

분노는
마음이 보내는
SOS

"남들은 그걸 단점으로 보겠지만 오히려 그 반대야.
인간의 불완전한 서로의 세계로 서로를 끌어들이니까.
중요한 건 과연 서로에게 얼마나 완벽한가 하는 거야."

_영화 〈굿윌헌팅〉 중에서

상담자가 내담자를 치료하기에 적절하지 않다고 생각돼서 다른 기관에 의뢰하는 경우가 간혹 있다. 대학병원에서 오랜 기간 약물치료를 했으나 변화가 없었다거나, 상담에서 좋은 결과를 보지 못했다거나, 상담자의 개인사정으로 상담을 그만두었다거나 그 이유는 다양하다. 상담자로서 다른 기관에서 상담을 받았던 내담자를 배정받는다는 것은 꽤나 부담스러운 일이다. 내담자들도 마찬가지이다. 이전 상담자에 대한 섭섭함과 분노를 느낀 채 새로운 상담자에 대해 신뢰를 가질 수 있을지 갈등한다.

나 역시 이런 내담자들을 만난 적이 있다. 과거에 일어나서는 안 될 일을 겪었던 그녀는 강박 증상으로 스스로를 힘들게 했고, 분노를 참지 못해 주변 사람들까지 괴롭혔다. 상담 중에도 분노를 터트리고 불평불만이 끊이지 않았는데 그럼에도 매주 꼬박꼬박 상담실에 찾아왔다.

"내가 그렇게 힘들게 해도
선생님은 내가 왜 그런지 이유를 알아주려고 하니까요.
내가 아무리 괴롭혀도
나를 내치지 않을 것 같았어요."

사실 나 또한 그 내담자를 보고 싶지 않은 마음이 일어난 적도 있었다. 하지만 상담은 위니캇^{Winnicutt}이 말한 대로 'holding' 즉, 안아주기이며 버텨주기이다. 그의 분노를 밀어내지 않고 그저 바라보려고 노력했다.

인생에서 좌절감을 겪은 이가 어디 그이뿐이겠는가? 부모와의 관계에서, 친한 이로부터 상처를 받아서, 직장 내에서 힘들어서 등등 여러 가지 아픔들이 있다. 그럴 때마다 우리는 마음을 닫고 분노를 외면하려 한다. 나 또한 나의 화를 보지 않기 위해 애써왔다. 오랜 기간 동안 개인 분석을 받으면서 '분노는 현재를 변화시킬 힘'이란 사실을 깨닫게 되기 전까지 나 역시도 그러했다.

분노는 '나를 알아봐달라'는 숨겨진 언어이기도 하다.

가끔씩 불면으로, 때로는 자면서 이를 가는 행위로, 혹은 밥 먹기 힘들게 만들면서 분노는 자신의 존재감을 드러내기도 한다. 아이들은 유뇨증이나 유분증 증세를 보일 때도 있다. 이럴 때에는 당장 문제를 고치는 데

초점을 맞추지 말고 자신의 분노가 무엇인지부터 살펴봐야 한다.

　나를 사랑한다는 것은, 사랑과 증오같이 도무지 가까이 하려야 가까이 할 수 없는 양극의 감정을 동시에 갖고 있는 나 자신을 인정하고 받아들이는 일이다.

　분노는 피해야 할 감정이 아니다.

　분노는 나답게 살고자 애쓰던 마음의 씨앗이 자라난 것이다.

　그렇기 때문에 도망가지 말고 내 마음을 살펴봐야 한다.

　이젠, 분노하는 내 모습을 직시하고 마음에 귀를 기울이자.

모두에게
사랑받기를
빨리 포기하라

　　　　타인으로부터 미움 받는다는 것은 유쾌하지 않다. 내가 좋아
하는 사람으로부터든, 관심 없는 사람으로부터든 알지도 못하는 사람으
로부터든 마찬가지이다. 괜찮은 척 하려고 해도 누군가로부터 배척당할
때는 왠지 위축된다. 심지어 상대적으로 내가 약자인 위치에 있다면 억
울하기도 하다. 타인에 대한 존중이 눈곱만큼도 없는 사람들은 왜 이리
많을까.

　해수는 상대방에게 미움 받는 것을 극도로 못 견뎌했다. 그녀
가 회사 동료 모두에게서 미움을 받고 따돌림 당하는 것은 아니다. 직장
내 한두 명의 사람이 그녀를 싫어하는 티를 냈고 해수는 그들 때문에 회
사를 그만두고 싶어 했다.

타인에게 미움 받는 것을 못 견디는 사람들은 '착한 사람'이라고 평판이 나 있는 경우가 많았다. 해수는 타인과의 관계에서 뛰는 것을 꺼려했고, 자기주장을 제대로 내세우지도 않았다. 다른 사람을 배려한다며 부정적인 감정을 숨기는 걸 미덕으로 여겼다. 누구한테 아쉬운 소리가 듣기 싫어 가능한 한 좋은 사람으로 살고자 했다. 그런 그녀에게 '안티'가 생겼다는 것은 상상조차 할 수 없는 끔찍한 일이었다.

상담실을 찾는 이들의 대다수는 타인과의 관계에서 어려움과 직면했을 때 종종 스스로를 바꿔보려 한다. 그나마 용기 있는 사람들은 당사자를 찾아가 직접 물어보기도 하지만, 이런다고 해서 확실한 이유를 찾는 것은 아니다. 상대가 나를 미워하는 이유가 분명하다면 바꿔보기라도 할 텐데 답답할 뿐이다. 관계를 개선하고자 먼저 인사도 해보고, 간식거리 같은 작은 선물도 건네며 칭찬도 해보지만 그럴수록 관계는 꽈배기처럼 꼬이기만 한다. 어찌해야 할지 모르는 이들에게 이렇게 말해주고 싶다.

"할 만큼 하셨어요.
그런 사람도 있다는 걸 받아들여야 할 것 같아요.
더 이상 노력한다고 해도 달라질 것 같지도 않고요.
무엇 때문에 이렇게 노력하는 것인지 생각해봐요."

관계를 개선해보려는 사람에게 의욕 떨어지는 소리를 하는 게 미안하지만 상담자로서 해줄 수 있는 최선의 답이다. 누군가로부터 미움 받는 게 억울하겠지만 생각해보면 나 역시 딱히 특별한 이유 없이 미워했던 사람이 있었을 것이다. 도저히 이해할 수 없는, 나와는 정반대인 사람들도 있었을 것이다. 그럼에도 불구하고 감정을 숨기고 그 사람과 잘 지내보려고 노력해본 경험도 있을 것이다. 우리는 그렇게 교육받아 왔다. 누구와도 부딪히지 말고 화목하게 잘 지내라고 말이다.

그런데 타인과의 평온을 위해 나의 한정된 에너지를 지나치게 써야 하는 게 과연 옳은 일일까?

한국, 중국, 일본 세 나라에서만 나타난다는 병이 있다. 바로 '가해 의식형 사회 공포증'이다. 이는 타인을 배려하는 문화에서 비롯된 것으로, 주로 자신의 냄새, 표정, 외모가 타인을 힘겹게 한다고 굳게 믿고 있어 다른 사람들을 회피하게 만든다. 리처드 니스벳^{Richard Nisbett}의 저서 《생각의 지도》에서는 '동양인은 복잡한 인간관계 속에서 화목을 유지하고 집단의 목표를 달성하기 위해 최선을 다하는 경향이 있다'고 했다. 서양에 비해 공동체 문화가 발달한 한국, 중국, 일본 세 나라의 사람들은 이처럼 오랜 시간 타인을 의식하며 살아온 것이다.

하지만 나를 위해서는 불편한 상대와의 만남을 줄이고 적절한 거리를 두는 것이 필요하다. 아울러 나를 싫어하는 이들도 있지만 좋아하는 사람들도 있다는 사실도 잊지 말자. 모두에게 사랑받기를 포기하는 순간 뜻밖에 엄청난 자유가 주어진다.

돌아보면 해수는 어린 시절부터 부모의 눈치를 살폈다. 아버지는 정리 정돈에 대한 강박증이 있어서 사소한 일에도 소리를 지르는 편이었고, 어머니는 감정변화가 잦았다. 해수는 아버지가 오기 전에 책상 정리, 신발 정리 등을 제대로 했는지 재차 확인했지만 아버지의 잔소리는 끝이 없었다. 게다가 엄마가 언제 화를 낼지 모르는 상황이었기 때문에 부모의 눈치를 살피는 것이 일상이 되어 있었다.

해수는 성인이 되어서도 타인의 기대에 미치지 못할까봐 걱정이 많았다. 부모의 기대에 미치지 못하는 어린 시절을 보냈던 그녀는 직장에서 만이라도 다른 사람들과 잘 지내고자 했다. 그러나 모두와 잘 지낼 수는 없었다. 직장동료에게 지나치게 친절하고자 하는 해수의 부자연스러운 행동은 오히려 타인을 불편하게 만들었다. 타인의 미움을 받지 않기 위해서 노력했으나 결국 뜻대로 되지 않았다.

누군가가 당신을 미워하고 힘들게 한다면 그건 그 사람의 몫이다. 그의 인격이 부족한 탓이라 여겨라. 당신을 싫어하는 이유를 고민하는 건 당신 몫이 아닐 수도 있다. 상대가 자신의 그림자 영역, 즉 그에게 있는 어두운 부분을 당신에게 투사했을 수도 있고 아니면 과거의 누군가를 닮은 당신을 보면서 과거의 자기감정에 휩싸였을 수도 있다.

사람과 사람 사이가 어찌 완벽할 수 있겠는가. 누군가와 잘 지내고 싶지만 뜻대로 되지 않을 때, 모든 사람과 잘 지낼 수 없다는 사실을 받아들여야 한다. 짧은 인생, 만나서 행복한 사람, 즐거운 사람과의 시간을 늘

려나가자. 모든 사람들과 두루 잘 지내려고 애썼던 한때의 내가 당신에게 들려주는 이야기이다.

누군가로부터 미움을 받는 것이 억울하기도 하지만 나도 누군가를 미워한 사실이 있었음을 인정하면 스스로에게 작게나마 위로가 되지 않을까. 당신을 미워하는 그 사람도 그만큼 힘들 것이다. 스스로의 고통 속에 살고 있는 사람은 내버려두고 당신은 당신의 행복한 길을 가기 바란다.

미워서
견디기 힘든
상대를 만났을 때

수남은 상사 때문에 회사 생활이 힘들어 견딜 수 없었다. 그가 던지는 말마다 화살이 되어 가슴에 꽂혀 선홍색 핏빛으로 물든 것 같았다. 하나하나 다 꼬투리를 잡혀 지친 나머지 에너지가 다 빠져나갔다. 상사가 '이러면 안 되는 거야. 일 좀 똑바로 하지' 등의 말을 내뱉을 때마다 화가 치밀어 올랐다. 잔소리 하는 상사가 너무나도 미웠다.

돌아보면 수남의 삶은 누군가를 미워하는 것의 반복이었다. 고등학교 때는 친구를, 대학 때는 지도교수님을 미워했다. 지도교수가 수남의 연구에 대해서 조언하는 것을 견딜 수 없어 대학원도 포기했다.

타인을 미워하는 것에서 끝나지 않고 그 감정으로 인해 일상의 삶조차 힘겨워진다면 자신의 삶을 돌아봐야 한다. 부모, 선생님, 친구, 동료를 원망하면서 주어진 시간을 곰팡이처럼 좀먹고 있다면 말이다. '누구 때문에 나의 시험을 망쳤다' '그들이 미워서 일을 할 수가 없다'는 등 여러 가지 이유를 내밀면서 원망만 하고 있다면 당장 그 마음의 소리를 멈추어야 한다.

그렇게 누군가를 미워하는 것으로 삶을 견뎌내는 이들에게도 각자의 이유는 있다. 차가운 부모, 형제와 비교 당했던 어린 시절, 서투른 대인관계로 주변 사람들로부터 지속적으로 거절 받았던 아픔 등이 숨어 있을지도 모른다.

그러나 누군가를 미워하는 칼은 결국 자기를 향하게 된다.

상담실에 오면 아이는 '엄마 때문에' 엄마는 '아이 때문에' 인생이 불행하다면서 서로를 탓하는 경우도 있고, 제삼자인 '누구 때문에' 고통 받고 있다고도 한다. '무엇 때문에' 현재의 나에게 고통이 주어졌다고 이야기함으로써 얻어지는 장점이 있다. 문제에서 한 발짝 뒤로 물러나 책임의 주체를 남에게 돌려, 나는 아무런 책임을 질 필요가 없게 되는 것이다. 즉 나는 힘없는 피해자이며 그는 가해자가 된다. 이는 내 삶의 주도권을 상대에게 넘겨버리는 것이다.

이럴 때 심리학의 도움을 받을 수 있다.

'인지정서행동치료(REBT)'에서 행동 이론 중 'A-B-C-D-E'라는 모형의 틀이 있다.

> A(Activating event): 사건이 생길 때
>
> B(ration belief): 개인의 신념으로 인해서
>
> C(Consequence): 개인의 반응이나 정서가 나타난다는 것이다.

> 그런데 비합리적인 신념을 가지고 있는 경우에는
>
> B(irration belief): 비합리적 신념에 대한
>
> D(Dispute): 논박을 통해
>
> E(Effect): 합리적인 정서의 결과를 이룬다는 것이다.

예를 들어, '상사가 나를 무척 화나게 한다(Consequence)'는 생각을 했다. '상사가 자신의 말투에 대해서 못마땅하게 여긴다는 것(Activating event)' 때문이다. 수남은 '상사는 나를 판단하지 말아야 한다(irration B)'는 생각을 가지고 있었다.

그때부터 질문을 한다.

당신은 상사를 판단하고 있지는 않은가?

상사가 나를 판단하지 않는다는 게 가능할까?(Dispute)

'상사는 나를 판단할 수도 있고 평가할 수도 있다'로 바뀐다. 내가 상사

의 생각을 바꾸는 것은 불가능하기 때문이다.

즉, 상사는 나를 못마땅하게 여길 수도 있고 상사는 나에 대해 호의적으로 받아들일 수도 있는 것이다(rration belief). 합리적인 정서로 (Effect) 바뀌는 것이다. 이렇게 되면 상사에게 서운하지만 화가 마구 치밀어 오를 정도는 아니게 된다. 물론 논박의 과정은 상담자와 내담자 사이의 라포 형성이 제대로 맺어진 경우에만 가능하다.

자신의 비합리적인 사고를 고치는 데에는 많은 시간이 필요하다. 어떤 사건(Activating event)이 생겼을 때 또 다시 즉각적인 감정 (Consequence)이 일어날 수도 있다. 내 안의 사고들은 예전처럼 자동적으로 사고하는 경우가 많으니까. 그럴 때마다 멈추어서 내면의 목소리에 귀 기울여야 한다. 특히 '때문에'라고 할 때에는 내 안의 소망이 좌절되었음을 알아차려야 한다.

수남은 신입사원 때부터 윗사람에게 인정받고 싶은 마음이 컸다. 그러나 수남이 다니는 회사의 조직 문화는 경직되어 있었다. 서로를 따뜻한 말로 격려하는 분위기가 아니었던 것이다. 칭찬이나 격려를 받을 수 없으니 자신감도 떨어지고 신경질적인 행동만 반복했다. 햇볕이 쨍쨍하다가도 갑자기 소나기가 내리칠 때가 있듯이 사람과의 관계에서도 좋은 날만 있을 수는 없다. 수남처럼 우리의 마음도 타인의 목소리에만 집중하고 있는 건 아닌지 바라볼 필요가 있다.

그리스 신화에 바다를 항해할 때 세이렌의 소리에 귀를 기울이는 선원은 결국 바다에 빠져버린다는 이야기가 있다. 나를 힘들게 하는 소리, 즉 세이렌의 소리에만 귀를 기울이고 있다면 결국 내가 가고자 하는 곳을 가지 못하고 방황하게 될 것이다. 누군가에게 초점을 맞추기보다 내가 가진 소망과 힘에 초점을 맞추는 것이 '합리적'으로 사는 것이다.

이별
후유증에서
벗어나려면

"선생님 어떻게 SNS에다가 사진을 올릴 수 있어요?
젊은 여자랑 결혼해서 아이 낳은 것을
애들이 보고 상처라도 받으면요."

눈물을 뚝뚝 흘리는 그녀를 보면서 아이들이 걱정돼 우는 건지 아니면 자신의 삶이 힘들어서 그런 건지 모르겠다는 생각을 했다. 그녀는 전 남편에 대한 미련이 남아있는 듯했다. SNS를 뒤져 그의 흔적을 찾았고 자신보다 어린 여자랑 결혼해서 잘 살고 있는 그를 너무나 미워했다.

그녀는 뚝배기처럼 서서히 끓어오른 사랑에 어쩔 줄 몰라 했다. 사랑이 식는 것도 뚝배기처럼 천천히 식어 한때 사랑했던 사람을 잊는 데에 긴 시간이 걸렸다.

이별은 왜 이렇게 어려울까? 완벽한 이별은 있는 것일까?

"어떻게 사랑이 변해요?"

라고 물어본다면 나도 할 말은 없다. 쉽게 뜨거워지기도 하고 쉽게 식기도 하는 게 사랑인 걸 어떻게 하겠는가. 잊지 말자. 사랑도, 사람의 마음도, 쉽게 변한다.

이별의 상처를 혼자 감당할 수 없어 상담실에 찾아온 여성 내담자들은 공통적으로 지나간 사람의 발자취를 찾아 헤매는 모습을 보였다. 싸이월드가 유행했던 시절에는 사진첩을 뒤져보고 그의 홈페이지 배경 음악을 들으면서 아직도 나를 잊지 않나 궁금해 했으며, 요즘에는 인스타그램과 페이스북을 이리저리 둘러보며 그의 행방을 실시간으로 뒤쫓는다.

이미 다 타버리고 재밖에 남지 않았는데 작은 불씨라도 찾아서 어떻게든 불을 지펴보려고 하는 것이다. 그렇게 집착이 미련이 되고 그 미련이 끝을 향해 달려갈 때, 남겨지는 건 초라해진 자신뿐이다.

이런 사람들에게 영화 〈500일의 썸머〉에서의 대사 하나를 살짝 바꿔서 들려주고 싶다.

"그가 당신의 짝이었다는 생각은 그저 착각이니
좋은 것만 기억하는 것도 문제다.
다음에 그를 생각할 때 나쁜 기억도 떠올려 봐라."

사랑하는 누군가 때문에 베갯잇을 적셔 본 것도, 그 때문에 가슴 아파

한 것도, 어쩌면 그 사람을 통해 내가 무언가 배울 것이 있었기 때문은 아니었을까? SNS에 집착하며 그의 발자취를 쫓아다니기보다 그가 내게 남겨준 것들을 받아들이고 새로운 사랑을 시작하도록 하자.

상대의 흔적을 찾아보며 눈물 흘리던 그녀들은 새로운 남자를 만나고부터 달라지기 시작했다. 과거의 남자에 대해서 후회하고 아쉬워하는 대신 새로운 사람을 만나면서 자신을 꾸미고 계발하게 된 것이다.

과거의 추억과 함께 미화되어 있는 그가 진짜 현실의 그인지 직시해보기 바란다. 헤어질 때는 무척이나 아팠다. 하지만 과거는 과거일 뿐이다. 그는 과거의 남자다. 과거의 남자와 잘 헤어질 수 있는 방법은 그를 통해 삶에서 무엇을 배웠는지, 내가 변해야 할 부분은 무엇인지를 알게 되는 것이다.

이 이별을 제대로 극복하지 못한 채 또 다른 만남을 시작하려 한다면
비슷한 사람을 만나 사랑을 하고 이별을 하는 연애패턴이 지속적으로 반복될 것이다.
하지만 내가 이 이별을 통해 더 성숙해지고 나아진다면,
사랑의 신은 다음 사랑을 시작하려는 당신을 기꺼이 응원할 것이다.

연인 관계에서
놓쳐서는
안 될 것

"연애하고 싶어요.
그때로 돌아가면
얼마나 좋을까요."

　　사랑에 빠지면 연인만 남고 다른 것은 전부 배경이 된다. 주변
은 흑백이고 사랑하는 이만 총천연색 칼라로 보인다. 연애를 잘하는 사
람들은 대개 외모가 아름다워서라기보다는 상대에게 좋아하는 마음을
잘 표현하는 사람들이다. 그런데 적극적인 표현으로 사랑을 시작할 수는
있으나, 이 사랑을 지키기 위해서는 또 다른 노력이 필요하다.

　　커플 상담은 치열하다. 대다수의 커플들은 상대의 어떠한 점이 바뀌기
를 원하며, 이를 상담 목표로 삼는다. 상담 중 누가 옳고 그른지 내게 판
사 역할을 강요할 때는 한숨만 나온다. 상담자가 양쪽의 말에 모두 공감
하면서도 이쪽과 저쪽 어느 편도 들지 않고 중립을 지킨다는 것은 외줄
타기만큼이나 고도의 기술이다.

불안이 높고 강박증이 있는 남자와 정서변화가 심한 히스테리 성향의 여자가 커플 상담을 받으러 왔다. 남자의 안정적이고 믿음직한 태도와 여자의 자유로운 감정표현 및 외적인 아름다움은 첫 만남에서 서로를 끌어당겼다. 하지만 그 매력은 오래가지 않았다.

　여자는 정서적인 변동이 극심한 성격장애 중 경계성 인격 장애에 속했다. 머리핀부터 시작해 구두까지 세련돼 매혹적이었으나 그녀와 가까운 관계를 지속하는 건 고통스러운 일이었다. 그녀들은 친밀한 관계에서 지나치게 집착하는 모습을 보였다. 상대방이 자신을 떠날까봐 불안해하면서 잠시라도 연락이 되지 않으면 견디지 못했으며, 언제나 함께 있어주기를 원했다. 사랑 받지 못한다고 생각되면 자살, 자해를 할 정도로 극단적인 행동도 한기도 한다.

　그녀는 하나의 대상에 좋은 표상과 나쁜 표상이 함께 있다는 것을 통합하지 못했다. 한 사람 안에도 좋은 면과 나쁜 면이 공존한다. 상대방을 좋아할 때는 이상화하지만 싫어질 때는 보잘것없고 부족한 사람으로 평가절하 하는 것이다. 그래서 내게 잘해주면 좋은 사람, 내가 원하는 대로 해주지 않으면 나쁜 사람으로 받아들인다. 그녀의 남자들은 이렇게 이야기한다.

　"다 좋아요. 다 좋은데, 그녀가 화만 안 내면 좋겠어요. 그럴 땐 정말 힘들어요."

　여자는 자신의 뜻대로 되지 않을 때마다 분노를 격렬하게 표현했고 남자는 숨었다. 그럼 다시 여자들은 남자를 쫓아가느라 달리고 달린다. 여자의 정서적인 변동이 극심하고 화가 언제 어디서 어떻게 터질지 모르기 때문에 남자들은 늘 조마조마해 하며 만남을 끝내고 싶어 한다. 그래서 이별을 고하는 쪽은 언제나 남자다. 여자는 누군가가 자신을 떠나는 것이 두렵다. 유기불안, 즉 버림받는 것에 대한 불안감이 높기에 이별 조짐을 발견하면 어쩔 줄 몰라 한다. 여자는 남자를 자신의 것으로 만들고 싶었으나 오히려 남자를 떠나게 했고 결국 홀로 남았다.

경계성 인격 장애는 이상화와 평가절하, all good와 all bad 사이를 왔다 갔다 하는데, 그래서 상담자들에겐 '악몽'이라 불리기도 한다. 몇 년에 걸쳐 상담하더라도 치료효과가 미미한 경우가 빈번하다. 그녀들은 혼자 있을 때 텅 빈 것 같은 공허함을 견디지 못해 자신의 내면을 채워줄 누군가를 필요로 한다.

그가 없으면 못 산다고 하지 말고, 그가 없어도 잘 살아야 한다. 그 남자가 없어서 힘든 게 아니다. 그의 사랑으로 내 존재감을 확인하려 하기 때문에 힘든 것이다. 우리에게는 의존 욕구가 있고 상대가 내 뜻대로 바뀌기를 바라는 소망도 있다. 그러나 내 영혼의 쌍둥이가 되어주는 완벽한 반려자를 찾는 것은 힘들다. 건강한 연인 관계는 연리지같이 꼭 붙어있는 모습이 아니라, 각자의 개성이 오롯이 살아있는 채로 적당한 거리를 유지하며 나란히 서있는 두 그루의 나무 같은 것이다.

지금 당신의 사랑은 어떠한가?

혹시 잦은 다툼으로 인해 지쳐 있다면 경계성 인격 장애의 사랑처럼 오히려 내가 상대를 힘들게 할 때는 없는지 살펴볼 필요가 있다. 상대방에게 '당신이 이것을 해주지 않는다, 저것을 해주지 않는다'라며 사랑을 갈구하기 전에 잠시 멈춰 서 보자. 십 년 넘게 상담을 하면서 내린 결론은 사람은 좀처럼 바뀌지 않는다는 것이다. 이럴 땐 당신이 바꿀 수 있는 것과 바꿀 수 없는 것을 구별하는 지혜가 필요하다. 상대가 변하지 않는 사람이라면 그를 있는 그대로 인정해야 한다.

내가 연인에게 화가 나는 이유 중 하나는 그가 나의 무의식적 소망과 욕구를 충족시켜주지 않았기 때문이다. 연인이 그런 기대를 채워줘야만 하는 이유는 없다. 그래야 할 의무도 없다. 상대의 행동 때문에 도저히 함께할 수 없다면 그와 함께한 따뜻한 추억은 가슴속에 묻고 안녕을 고해야 한다.

하지만 이별을 원하지 않는다면 내가 원하는 것을 연인으로부터 채우고 싶은 것처럼 그가 나에게 무엇을 원하는지도 한 번 생각해보자.

아이의 사랑은 받기만 해도 되지만 어른의 사랑은 주고받는 사랑이니까 말이다.

우리 모두
뒷담화하며
살아간다

"전 사람을 믿지 않아요.
가장 친한 친구가 어떻게 그럴 수 있어요.
그날부터 아무도 믿지 않기로 했어요."

미주는 가까웠던 친구에 대한 믿음이 한순간에 지독한 절망으로 바뀌었다. 자신의 뒷담화를 하는 친구의 모습을 우연히 목격한 것이다. 특히 목소리도 작고 답답하다는 말이 비수가 되어 꽂혔다. 평소에도 자신감이 없는 편인데 가장 친한 친구가 다른 이들 앞에서 내 얘기를 했다는 사실이 그렇게 힘들 수가 없었다. 자신은 왜 이런 친구밖에 없는 것인가부터 시작해서 내가 친구에게 뭘 잘못했는지 과거를 곱씹어보며 자책도 했다. 그러면서 믿을 만한 사람을 만나는 것이 왜 이리 어려운지, 왜 자신은 타인과의 관계가 유독 힘든 것인지 화가 난다고 했다. 다른 사람들과 관계를 맺으며 지내면서도 외로워하는 그녀가 안쓰러워 보였다.

이처럼 자신의 뒷담화를 한 친구 때문에 힘겹다는 이들을 종종 만나게 된다. 그들은 이미 어른이 되었는데도 사춘기 시절 그때 그 일을 생각하면 부아가 치밀어 오른다고 했다. 자신을 험담하는 이야기를 듣고도 괜찮은 사람은 없다. 그러나 한때의 사건으로 타인과 친해지는 것을 두려워한다면 자신의 마음을 살펴볼 필요가 있다.

사실 대부분의 사람들은 자기 뒷담화를 듣는 것은 싫어하면서도 남의 뒷담화는 하고 살아간다. 의도적으로 악감정을 표출하는 게 아니라면 대개 뒷담화는 앞에서 하지 못하는 쓴소리인 경우가 많다. 아무리 가까운 사이라고 해도 당사자 앞에서 쓴소리를 하는 게 내키지 않아서다. 타인이 조언을 원하지 않는데도 맹점 영역을 이야기한다면 오히려 상대의 반감만 사게 된다는 것을 잘 알기 때문이다. 상담자인 나도 내담자가 준비되지 않았을 때는 문제를 직면시키지 않는다. 완강하게 자기부인을 하는 사람에게 솔직한 피드백을 해봤자 듣지도 않을 것이고 화만 낼 것이기 때문이다.

'조해리의 마음의 창'은 피드백을 통한 자기 이해의 모델을 제시한다. '내가 생각하는 나'와 '남이 바라보는 나' 사이에서 형성된 자아를 각각 네 가지 관점에서 바라보게 하는 것이다.

- '오픈 영역'이 넓은 사람들은 나에 관하여 스스로도 잘 알고 있고 타인도 잘 알고 있는 영역이다. 이들은 대인관계가 원만

한 사람들이다. 솔직하고 말도 많은 유형이다.

- '블라인드(Blind) 영역'이 넓은 사람들은 나에 관하여 자신은 모르지만 타인들은 알고 있는 영역이다. 자기주장이 강하거나 타인들의 이야기를 잘 듣지 않는 유형이다.
- '숨겨진 영역'은 자신은 알지만 타인은 모르는 영역이다. 좀처럼 자기 이야기를 하지 않기 때문에 친밀해지기 어렵다. 현대인들이 가장 많이 속한 유형이다.
- '미지의 영역'은 나에 관하여 자신도 모르고 타인도 모르는 영역이다. 소극적이고 혼자 있는 것을 좋아하는 유형이다.

예를 들어, 미주가 여성이고 스커트를 즐겨 입으며 소설을 좋아한다는 것은 주변사람들이 아는 '오픈 영역'이다. 한편 미주는 자신의 소심한 성격과 작은 목소리를 다른 사람들은 몰랐으면 하는 '숨겨진 영역'이길 바랐다. 다른 친구들이 미주를 답답해한다는 것은 미주가 모르고 있던 '블라인드 영역'이기도 했다.

미주는 평소 자신의 소심한 성격에 대해 혹시라도 다른 사람들이 불편해하지는 않을까 걱정이 많았다. 이는 표정이나 언어로 금세 드러났기에 '숨겨진 영역'에 머무를 수 없었다. 그녀는 소심한 여자가 아니라 당차고 자기주장을 잘하는 여성이고 싶었기에 들키고 싶지 않았다. 이를 숨기고 친구들에게 밝은 미소로 다가가려 했지만 뜻대로 되지 않는 것이 속상했다.

'조해리의 마음의 창'은 자기 공개와 피드백에 따라서 영역의 크기가 달라질 수 있다. 자기 공개는 내가 선택하는 바에 따라 달라질 수 있지만, 피드백은 타인의 도움이 필요하다. 거울을 통하지 않고서는 뒷모습을 볼 수 없듯이 다른 이들이 나의 거울이 돼주어야만 피드백을 받을 수 있다. 대부분의 사람들은 타인의 실수나 부족한 부분을 말해주지 않기 때문에 솔직한 피드백을 해줄 가까운 지인들의 조언이 필요하다.

나 또한 내 블라인드 영역을 만나는 것이 쉽지 않았다. 석사 졸업 후 최소 3년 이상의 상담심리전문가 수련과정을 밟으며 2회 이상 집단 상담에 참여해야 했다. 집단 상담 중 타인의 솔직한 피드백을 듣게 됐는데, 다른 집단원들의 피드백이 쉽사리 받아들여지지 않았다. 개인분석과 집단 상담 등을 거치고 나서 아주 조금씩 내가 알지 못하는 나의 부분들을 알아차려 갔다. 블라인드 영역을 알아차리는 과정은 쉽지 않았어도 반드시 필요한 시간이었다. 그래야 상담자 자신이 다른 사람의 깨끗한 거울이 될 수 있기 때문이다.

그러나 아무리 나를 발견하고 타인의 피드백을 잘 들으려고 노력해도 나를 100% 온전히 알 수는 없었다. 프로이트 또한 평생 동안 자기분석을 했다고 한다.

그렇다면 자신의 뒷담화를 들었을 때는 그것을 어떻게 소화시켜야 할까? 주변 사람들의 이야기가 받아들여지지 않는다면 무시해도 괜찮다. 그들도 당신을 온전히 알 수 없다. 타인의 피드백을 인정할 수 없다면 넘어 가도 된다. 당신의 외모나 능력 등 어떤 뛰어난 부분 때문에 시기, 질투 를 하고 있을 수도 있다. 그럴 땐 뒷담화한 타인들을 지나가는 엑스트라 1, 2, 3이라고 생각해버려도 괜찮다.

그러나 우리가 다른 사람을 뒷담화 할 때 타당한 이유가 있다고 생각 하는 것처럼, 다른 사람들이 당신만 모르는 블라인드 영역을 말하고 있 는 것 같다면 한 번쯤 다시 생각해볼 필요가 있다. 특히 마음에 와 닿는 부분이 있거나 여러 사람으로부터 동일한 이야기를 들었다면 그것을 정 면으로 바라볼 필요가 있다.

잘 듣는 귀를 가진 사람은 변화할 수 있다. 그래서 친구의 진심 어린 조언은 너무나 소중하다. 물론, 조언을 듣더라도 원래처럼 돌아가기를 여 러 번 반복하겠지만 말이다. 사람이 바뀐다는 게 그렇게 쉬운 일이 아닌 걸 어쩌나.

내가·생각하는·나

남이·바라보는·나

그렇게

진짜·나를·만나다

마음달
처방전

나를
만나는
네개의 창문

YOUR
MIND
CREAM
made by maumdal

CHOCOLATE
STRAWBERRY
SWEETS

　　타인으로부터 피드백을 들어야만, 내가 몰랐던 '맹목적인 창'의 영역
이 작아질 수 있다. 또한 대화를 통해 내가 아는 영역과 타인이 아는 영
역이 넓어지면서 다른 사람과의 친밀감도 누릴 수 있다. 내가 말하지
않아도 타인이 나의 마음을 알아서 이해해주길 바라는 것은 불가능에
가깝다. 다른 사람들이 나를 이해할 수 있도록 자주 표현하고, 상대에
대해서도 이해하려고 노력할 때 타인과의 관계가 원만해질 수 있는 것
이다.

	피드백	
	내가 아는	내가 모르는
타인이 아는	1. 공개적 창	2. 맹목적 창
타인이 모르는	3. 숨겨진 창	4. 미지의 창

자기공개

1. 타인에게 공개되어 있는 영역이 무엇인지 적어보자.

2. 맹목적 창을 혼자서 파악하기는 불가능하므로 타인의 피드백을 받아야 한다. 집단 상담이나 개인 상담을 통해서 가능하겠지만, 그게 힘들다면 친한 친구나 배우자, 애인과 같은 가까운 사람들로부터 솔직한 피드백을 받아봐라.

타인들에게 색깔, 단어, 장점, 단점 등으로 당신을 어떻게 표현할 수 있는지 물어봐라. 어떠한 말이라도 '그렇구나'라며 들을 수 있어야 한다. 누군가 당신에게 솔직한 피드백을 한다는 것은 용기를 내는 일이기 때문이다.

3. 숨겨진 창은 당신의 비밀이다.

누구에게도 말 못한 비밀은 무엇인지 생각해보자. 그 비밀을 다른 사람들이 알게 된다면 염려가 되는 것은 무엇인지 생각해보라. 사회공포증이나 불안이 극심한 내담자의 경우, 자신의 비밀 영역을 가능한 것부터 열어놓기 시작하면 불안의 사이즈가 점차 줄어든다. 비밀을 털어놓기 힘들면 그렇게 하지 않아도 되지만, 그 비밀을 털어놓을 때 두려움이 무엇인지는 꼭 찾아보라.

4. 미지의 창은 무의식의 세계이다.

개인분석이나 꿈 분석 등의 방법으로 알 수 있는 영역이다. 혼자서 하기 힘든 영역이므로 전문가의 도움이 필요하다.

당신에게는·지금도

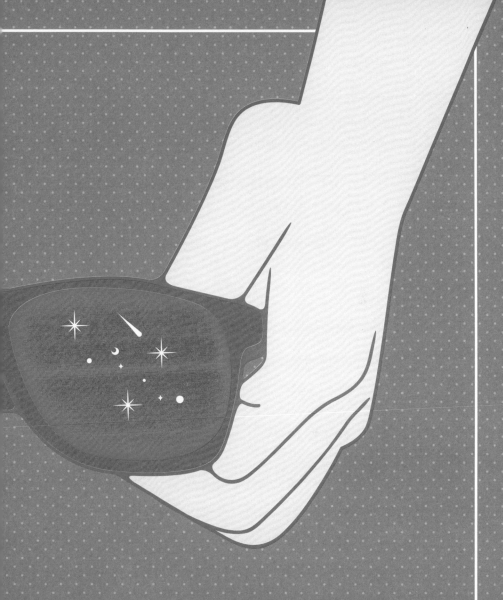

선택권이 · 있다

제 3 장

내일에게

나를

묻다

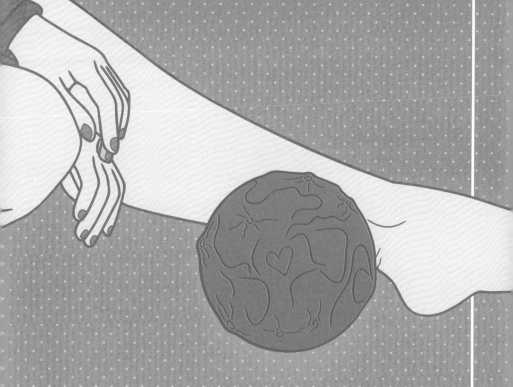

"온전한 나로 살아가고 싶어요."

상담실을 찾아온 이들이 자주 하는 이야기다.

카를 융은 자기^{self}를 의식과 무의식이 하나로 통합된 정신이라고 했다. 자기실현의 마지막 종착점이며 인격성숙의 이상이라고 한다. 유아기에는 자아가 탄생되며 청소년기에는 사회가 개인에게 부여한 역할을 이루기 위해서 페르조나^{Persona}가 형성된다. 삶의 전반부에는 사회에서 요구되는 것들을 이루기 위한 '외향화의 과정'이 필요하고, 후반부에는 사회적 요구에 맞추느라 잃어버렸던 자신의 전체성을 통합하기 위한 '내향화의 과정'이 필요하다.

융 심리학에서는 자신의 부정적인 면, 즉 그림자를 통합해가는 과정이 중요하다. 완벽한 인간이 되는 것이 아니라 자신의 존재 자체로서 나의 부족함과 한계를 받아들이고 인정하는 것이다. 진짜 나로 살아간다는 것은 내가 원하는 이상적인 모습이 아닌, 있는 그대로의 존재를 받아들이는 것이다.

삐뚤빼뚤
걸어도
앞으로만
가면
된다

원래
어른이 될수록
선택은 어렵다

어른이 된다는 것은 수많은 결정을 해야 한다는 뜻이다.

이전엔 부모님과 선생님이 가리키는 대로 걸어가면 되었는데 성인이 되면 선택의 몫이 온전히 내게로 넘어온다. 선택에 따른 책임도 스스로 견뎌야 한다. 가끔은 망망대해를 헤매며 어디로 가야 할지 막막해지는 날들이 있다. 얼마나 더 큰 어른이 되어야 선택의 문제에서 자유로워질 수 있을까.

어느 날 데스크로 나를 찾는다는 전화가 왔다. 지금 당장 만나고 싶다는 요청이었다. 강의나 세미나를 몇 번 진행한 적은 있지만, 외부활동을 적극적으로 하는 편이 아니기에 어떻게 나를 알고 찾아왔는지 궁금했다. 그는 용한 점쟁이라도 만난 듯 나를 경이로운 눈으로 바라보았다.

"이직을 할까요? 아님 지금 제가 다니고 있는 회사에 계속 있을까요?"

그는 상담실에 앉자마자 상황에 대한 설명도 없이 나에게 대뜸 선택을 요구했다. 그의 말로는 모 인터넷 카페에서 내담자가 올린 글을 읽었고, 치료 성과가 좋았다는 후기에 반해 찾아왔다고 했다. 대부분의 내담자들은 상담 받는 것을 쉬쉬하는 편이라 게시판에 후기를 남기는 일은 드물다. 혹시 동명이인을 착각한 것 아니냐고 물었으나 내가 확실하다고 했다. 감사함을 여러 번 표현했던 몇몇 내담자들이 떠올랐다. 그 사람들의 지인인가 싶었다.

그는 상담에 대한 환상을 갖고 있었다. 내가 미래의 선택에 확실한 답을 내릴 수 있다는 거였다. 사실 이런 환상은 그만 갖고 있던 게 아니었다.

"이 사람이랑 계속 살아가야 하나요, 아니면 이혼을 할까요?"
"대학에 합격했는데 그대로 다녀야 할까요, 아니면 재수를 할까요?"
"회사를 다녀야 할까요, 아니면 다른 직업으로 전환해야 할까요?"

지금까지 수많은 사람들이 이런 질문들을 했다. 지금 여기에서 머무를 것인지 아니면 다른 선택을 해야 하는지 말이다. 짬뽕이냐 짜장면이냐를 결정하는 수준이 아니기에, 선택의 짐은 무겁다. 그들은 선택하는 자유로부터 도피하고자 하는 욕구가 밀려와 권위자인 내게 정답을 물었다.

하지만 상담자는 결정을 내려주는 사람이 아니다. A와 B 사이에서 선택을 망설일 때, 어느 방향이 제대로 된 선택일지 상담자인들 어떻게 알 수 있겠나? 마음이 어느 정도 한쪽으로 기울어진 상태에서 그저 제3자에게 확인을 받고 싶은 경우도 많다. 내담자의 선택사항에 대해서 장·단점을 비교 분석하고 함께 고민해볼 수는 있겠지만 상담자가 결정을 내려주지는 않는다. 어쩌면 상담실이 빠른 정답을 제시하지 않아 용하다는 점집에 그렇게 사람들이 몰리는 것은 아닌지 모르겠다.

사실 내 마음의 무게가 두 곳 다 비슷하다면 어디로 가든 그리 중요하시 않다. 물론, 어느 길을 가든 가지 못한 길에 대한 후회는 있을 것이다. 선택에 따라 치러야 하는 대가도 있을 것이다. 문제는 내가 원하는 기준, 즉 취향이 무엇인지 알지 못하고 다른 사람에게 선택권을 넘기는 것이다.

지금 갖고 있는 것을 버리고 다른 선택을 하게 될 때, 타인의 시선을 극복할 수 있는 힘이 나에게 있는지 살펴봐야 한다. 전환기에 먼저 이루어져야 하는 것은 이전에 누렸던 것들을 포기하는 것이다. 지금까지 누릴 수 있었던 것들을 포기할 만큼 다른 대안이 선택할 만한 가치가 있는지 봐야 한다. 여기에는 용기가 필요하다.

최악의 상황은 이것도 저것도 선택하지 못하고 그냥 그대로 있으면서 불평불만만 늘어놓는 것이다. 지금 있는 그 자리에 머물고 있다면 이 또한 최상의 선택임을 믿어야 한다. 새로운 시도보다 안정이 더 중요하다 여겨 이를 선택한 것뿐이다. 지금 이 현실을 선택해 놓고서도 계속해서

투덜거리는 것은 스스로를 불행의 밑바닥으로 떨어뜨리는 것이다. 옴짝 달싹 못하고 지금에 머무르면서 남 탓, 환경 탓 하는 것은 스스로를 연민으로 몰아세우는 일이다.

나는 뒤늦게 진로를 결정한 유형이었다. 나이를 생각하고 앞으로의 미래를 생각해 봐도 답이 떠오르지 않았지만, 내가 대학원에 간 이유는 상담을 꼭 하고 싶어서였다. 물론 내가 원하는 길로 전환했다고 해서 마냥 행복한 것은 아니었다. 대학원 졸업 이후 직장은 구할 수 있을지 걱정으로 밤을 지새운 적도 있었다. 예전의 경력이 완전히 무시되고 바닥으로 내려가는 게 그다지 즐겁지만은 않았다.

서른이 넘어 상담실에서 인테이커intaker를 하면서 화장실 청소를 하고 컵을 씻었다. 초보 상담자 시절에는 두 시간짜리 청소년 집단 상담을 진행하기 위해 논밭이 있는 외지의 중학교를 찾아가기도 했다. 그럴 땐 회사에서 주어진 일을 하면서 안정된 직위를 보장받는 직장인들이 부러웠다. 전에 있었던 분야에서 다시 일해 보는 건 어떠냐며 연락을 받았을 때는 잠시 고민도 했다. 게다가 상담이란 다른 사람의 이야기를 '잘 들어주는 것'인 줄 알았는데 관계에서 감정적 소모가 심하다는 것을 알게 된 후 적잖은 낭패감도 맛보았다.

그럼에도 불구하고 내가 이 일을 계속할 수 있었던 이유는 '내가 상담을 좋아한다는 것'을 깨달았기 때문이다. 우중충한 표정의 내담자가 자기만의 색깔을 가진 사람이 될 때의 기쁨은 말로 표현할 수 없을 정도였다. 그렇지만 내가 원래 하던 일을 계속 했다 할지라도 나름의 재미는 있었을 것 같다.

그래서 누구에게 답을 제시해달라고 부탁하기 전, 내가 정말 중요하게 여기는 것이 무엇인지부터 찾아야 한다. 내 욕망에 솔직해져야 하며 포기할 것은 과감하게 포기해야 한다. 이것저것 쥐고자 하면, 이도저도 아니게 된다.

완벽한 선택은
존재하지 않기 때문이다.

내담자가 모험을 추구하든 안정을 추구하든 나는 그의 선택을 지지할 것이다. 책임감 있는 어른으로 살아가야 한다면 자신의 선택을 믿고 나아가는 수밖에 없으니 말이다. 선택을 하고 나서 후회할지도 모른다. 그러나 과거의 모든 선택도 그 시절 내가 할 수 있는 최선이었듯, 나의 판단을 믿고 오늘 하루를 나답게 살아가는 게 더 멋지지 않은가.

제대로 된 선택으로 인생을 아쉬움 한 점 없이 잘 살아가길 원하지만 지금 이 순간에도 후회할 역사들이 생겨나고 있음을 부정할 수가 없다. 하지만 어제의 나, 오늘의 나, 미래의 나는 이 작은 선택들 사이에서 형성되기에 선택은 오로지 나의 몫이어야 한다. 그저 누군가 내 선택에 대해

'괜찮아, 잘 하고 있어'라고 등을 토닥토닥 두드려줬으면 좋겠다. 우리는 나 스스로에게도 이렇게 말해줘야 한다.

지금까지 선택해 온 것은 나름의 최선이었음을 믿고 또 나아가보자고.

포기가
점점
쉬워지고 있다면

"엄마 나는 정말 잘하는 게 하나도 없는 거 같아."

"네가 배우고 싶다고 해서 간 보컬학원이잖아. 슈퍼스타K 보고 가수가 되고 싶다며."

"보컬학원 다니면 금방 실력이 늘 줄 알았지. 처음엔 좋아지는 것 같더니 요즘엔 연습해도 제자리야. 그리고 배워야 할 것도 너무 많아. 작곡 공부도 하려면 화성악까지 공부해야 돼. 할 게 너무 많아."

"얼마나 다녔다고 그렇게 포기가 빨라."

"아 몰라, 안 한다고!"

주희는 문을 쾅 닫고 방으로 들어갔다. 엄마 역시 주희의 말에 화가 나기 시작했다. 수개월 동안 보컬학원에 들인 돈이 얼마인데 주희가 괘씸

하기도 했다. 주희의 적성을 찾아주고 싶었던 엄마는 딸이 하고 싶다는 것은 적극적으로 지원해주었다. 그러나 발레, 테니스, 킥복싱 모두 3~6개월 정도가 지나면 자기가 갈 길이 아니라면서 그만둬버렸다. 생각해보면 초등학교 때도 주희는 과제를 꾸준히 하지 못했던 것 같다. 같이 보드게임을 하다가 조금이라도 질 것 같으면 보드 판을 엎어버리거나 울어버렸다. 주희가 6개월 정도 보컬학원을 잘 다니는 것을 보면서 앞으로 실용음악과로 진학하는 것도 괜찮겠다는 생각이 들었는데 그것마저 어려울 것 같아 한숨이 밀려왔다.

유독 포기가 쉬운 사람들이 있다. 포기가 빠른 사람들은 '항상' '꼭' '언제나' '반드시' '결단코' 같은 단어들을 자주 사용하며 융통성이 부족한 면모를 드러낸다. 그러면서 자신이 원하는 만큼 좋은 결과가 이루어지지 않았을 때 실패했다고 생각한다. 자신에 대한 기반이 튼튼하지 않기 때문에 작은 실패에도 열등감을 느끼고 좌절하는 것이다.

비합리적인 신념이 높아질수록 현실에서는 '반드시 ~해야 한다'는 당위적인 요구가 높아진다. 이때 좌절이 잦아지면 정서적인 불편감 또한 높아진다. 이상적인 자기상을 구축하고 있으나 내면이 취약하여 원하는 만큼 이루어지지 않으면 견디지 못하는 것이다. 그래서 쉽게 포기해버린다.

앨버트 앨리스^{Albert Ellis}는 '모든 비합리적 신념은 결국 세 가지로 요약된다'고 했다.

"나는 반드시 잘해야 한다."

"당신은 나에게 잘해야 한다."

"세상은 반드시 쉽게 흘러가야 한다."

그렇다면 무엇 때문에 좌절 인내력이 낮은 것일까? 쉽게 포기하는 성격이라면 어린 시절 부모와의 관계가 어떠했는지 살펴볼 필요가 있다. 좌절 인내력이 낮은 경우, 부모가 아이에 대한 기대 수준이 높거나 지나치게 아이를 과잉보호 하였을 때가 많다. 먼저 부모의 목표가 과도하게 높을 경우 과업 지향적인 양육 태도를 보이며 '조금 더 잘하지 그랬어' '넌 이게 뭐니' 등의 비판이나 지적을 하게 된다. 부모의 입장에서는 아이의 성장을 위해 필요한 이야기라고 생각하지만, 아이는 스스로에 대한 확신을 갖기가 어려워질 수 있다.

한국 사회는 과업 달성에 대해 칭찬해주기보다는 그저 자신에게 주어진 책임을 다한 것이라며 당연시 여긴다. 부모들은 학업에 스트레스를 주지 않는다 하면서도 아이들에게 매사에 실수하지 말고 잘해야 한다는 부담감을 준 것은 아닌지 확인할 필요가 있다.

부모는 거울이다. 부모가 아이를 격려하고 지지할 때 아이는 스스로에 대한 자긍심을 가질 수 있다. 아이를 잘 키우려는 욕심 때문에 아이의 작은 결함들을 고치려 하다가 오히려 아이의 열등감만 자극하고 있는 건 아닌지 살펴보아야 한다. 타인과의 경쟁에서 도태될까봐 염려하는 부모의 불안이 자녀에게 영향을 끼쳐 자존감이 낮은 아이가 될 수도 있다는 것이다.

아이의 마음을 반영하는 방법은 어렵지 않다. 아이의 좌절감에 깊은 공감을 해주는 것이다. 아이가 지쳐 쓰러졌을 때 '괜찮다. 원하는 만큼 되지 않을 때도 있지'라고 위로하는 말은 도움이 된다. 자기 위로 기능이 없는 채로 자란다면 어른이 되었을 때 부정적인 정서에도 쉽게 휩싸이게 된다.

또한 적절한 좌절은 뇌의 전두엽의 발달을 위해서 꼭 필요하다. 아이를 잘 키우고자 해서 아이가 하자는 대로 다 해주거나 지나치게 과잉보호 하는 경우가 있는데, 큰 어려움 없이 자란 아이는 성인이 되었을 때 갖가지 일을 스스로 판단하고 헤쳐 나가는 걸 힘들어한다.

아울러 인생이 언제나 행복할 수 없듯이 내 아이가 '항상' '꼭' '반드시' 좋은 결과를 낼 수 없다는 것을 인정해야 한다.

JUST DO IT.
쉽게 좌절하는 이들에게 필요한 말이다.

결과보다 과정 자체를 즐겨보자. 단, 과정을 즐기기 전에 자신의 기대 수준이 지나치게 높은 건 아닌지 살펴봐야 한다. 최선을 다하려고 노력해도 자신이 원하는 만큼의 결과물이 나오지 않으면 쉽게 포기하기도 한다. 누구도 쉽게 최고의 자리에 도달하지는 않는다. 수많은 실패가 쌓여서 넘어져도 보고, 눈물도 흘려봐야 자신이 원하는 일을 이룰 수 있을 것이다. 주희의 경우엔 수년간 트레이닝을 받은 유명가수들과 스스로를 비교하고 있었다. 나 또한 글을 쓰기 전 유명작가와 비교하며 좌절한 적이 있었다. 그들이 글쓰기에 보낸 시간과 땀방울을 제대로 알지도 못했으면서 말이다.

이땐 새로운 시선이 필요하다. '현재의 나'와 '과거의 나'를 비교하는 것이다. 현재의 내가 과거의 나보다 얼마나 성장했는지 확인하면 전과는 다른 새로운 모습을 발견할 수 있을 것이다.

나도 유명작가와 현재의 나를 더 이상 비교하지 않기로 했다. 과거의 글을 비교해보니 처음 쓸 때와 달라져 있었다. 임계점에 다다를 만큼 글을 쓰다보면 오늘의 나는 분명 어제의 나보다는 발전해 있을 것이다. 지금의 결과물이 마음에 들지 않는다고 또다시 새로운 것을 찾아나가는 것이 최선의 방법은 아니다.

또한 현재의 나를 수용하는 연습이 필요하다. 타조는 적이 나타나면 머리를 땅에 파묻어 버린다고 한다. 하지만 그런다고 적이 사라지는 건 아니다. 좌절과 마주한 우리의 모습이 타조 같지는 않을까. 좌절을 이겨낼 수 있는 힘을 기르기 위해서는 피하기보단 현재의 상황을 받아들여야 한다. 주희의 경우 '내 보컬 실력이 원하는 만큼 늘지는 않았지만, 천천히 나아질 거야'라고 받아들이는 것이다. 현재의 내 실력이 마음에 들지 않는다면 변화시킬 수 있는 실천계획을 잡는 것이 낫다. 예를 들면, '보컬 실력을 향상시키기 위해서 일주일에 2번 정도 연습실에 더 가야겠다'라는 구체적인 실천방안과 '다음 달부터 화성학을 배우겠다'라고 계획을 세우는 것이다.

그리고 흑백 사고를 변화시켜 나가야 한다. 삶은 모 아니면 도, 0 아니면 1이라고 생각할 필요는 없다. 0과 1 사이에는 무수한 소수점들이 존재하고 있다. 처음 시작이 0이고 목표점이 1이라면 그 사이엔 0.3, 0.5, 0.0007도 있다. 내가 지금 어느 자리에 있는지 찾아보자. 아울러 스스로에게 지금도 충분히 잘 가고 있다고 말해줘야 한다. '너는 실패자야. 너는 이것밖에 안 돼!'라는 부정적인 시선을 가지고 있다면 생각을 뒤집어 유연하고 가볍게 해야 한다.

누구나 아기였을 때가 있다.

아기들은 걷기 위해서 수없이 넘어지고 다시 일어나기를 반복한다. 어른들은 그런 아기들을 보고 실패자라고 하지 않는다. 주변 사람들은 넘어진 아기가 다시 일어날 수 있도록 격려한다. 이처럼 우리도 내면의 아이를 돌보는 것이 필요하다. 세상을 향해 잘 걸어갈 수 있도록 가끔은 넘어지더라도 자신을 격려해주길 바란다.

끝낼 수 있는
용기도
필요하다

시험의 결과로 희비가 엇갈리는 때가 있다. 합격통지서를 기대했건만 예상치 못하게 불합격 통보를 받으면 마음이 아프다. 좁디좁은 바늘구멍을 통과하는 것처럼 어느 시험이든 합격 문에 들어가는 것은 너무나 힘들다. 선택된 자는 기쁘지만 선택되지 못한 자는 구덩이에 빠지는 기분이다.

거절의 경험은 시간이 지나도 좀처럼 익숙해지기 힘들다. 내 앞의 어떠한 문도 열리지 않을 것 같고, 걸어도 걸어도 끝이 나지 않는 사막에서 벗어나지 못할 것 같기도 하다. 행정고시, 임용고시, 로스쿨, 의학전문대학원, 약학전문대학원… 합격과 진학을 위해 기나긴 시간 동안 공부하며 결과를 기다리는 수험생들을 종종 만난다.

한 번에 합격하기 어렵다는 것을 알기에 초반에는 견딜 만하다. 그러나 계속해서 불합격 통지를 받게 되면 내 존재는 부유하는 먼지처럼 너무나 작아져 버리는 것 같다.

　의학전문대학원을 준비하는 해남도 그랬다. 어린 시절부터 학업성적이 우수했던 해남에게 인생의 목표는 단 하나, 의사가 되는 것이었다. 의사가 되어 다른 사람의 존경을 받고 돈도 잘 벌고 싶었다. 하지만 수능 시험일이 다가올수록 걱정을 통제할 수가 없었고 긴장한 나머지 가지고 있는 능력만큼 실력을 발휘해지 못했다. 재수, 삼수를 했으나 전부 실패했다.
　결국 의대는 포기하고 다른 학과를 졸업해 대기업에 입사했다. 그러나 직장생활 중에 자존감이 부서지는 일만 경험했다. 왜 해야 하는지도 모르겠는 일들이 주어졌고 신입사원으로서 자존감은 바닥을 치는 것 같았다. 애초에 선택을 잘못한 것 같았다. 의대를 가야만 인생이 제대로 흘러갈 것 같았다. 다시 의대를 가고 싶은 욕구가 올라왔고 직장을 그만둔 뒤 의학전문대학원 준비를 시작했다. 해남은 다른 직업은 꿈꿔본 적도 없다고 했다. 어린 시절부터 그 길 하나만을 생각했기에 다른 직업은 의미 없다고 느꼈다.
　하지만 대학원 입학도 쉽지만은 않았다. 몇 년째 계속된 실패로 몸도 마음도 지쳐갔다. 다시 무언가를 시작하기에는 너무 늦은 것 같았다. 회사 동기들이 대리를 달고 결혼하는 모습을 지켜보면서 자신이 점점 초라하게 느껴졌다. 더 이상 다른 것을 준비할 용기도 없고, 합격의 길은 점점 더 멀어져가는 것 같다고 했다.

꿈을 향해 달려가는 것은 아름답다. 그러나 하나의 문이 닫혔다고 해서 살 의미가 사라졌다는 말을 들을 땐 깊은 한숨이 나온다. 불합격 이후 자신이 가치 없는 사람으로 여겨진다거나, 다른 출구가 보이지 않는 막다른 길에 다다랐다고 생각되는가? 차라리 사라져버렸으면 좋겠다고 한다면 이건 위기상황이다. '삑삑' 경계경보가 울리는 것이다.

꿈이 나를 삼켜버린 결과다.

꿈을 이루지 못했기 때문에 죽어야겠다는 생각이 들 때, 꿈이 내게 사회적 지위와 안정감을 줄 것이라는 믿음이 사라져버렸을 때, 우리는 스스로를 짓눌러야 할까? 혹시 내가 생각한 꿈이란 것이 보잘것없는 현실에 살고 있는 '나의 결핍'을 채워줄 수 있는 한 줄기 동아줄로 알았던 것은 아닌지 살펴봐야 한다. 그 직업에 대한 소명이 있었던 게 아니라, 그 직업을 통해 반짝반짝 빛나고 싶었던 것은 아닌지 들여다보자.

이제는 돌아설 수 있는 용기가 필요하다.

꿈을 향해 열심히 달려가도 뜻대로 되지 않을 때, 세상에서 제일 초라한 사람 같아서 견딜 수가 없을 때, 더 이상 버티기 힘들다는 것을 알아차렸을 때, 잠깐 멈춰 설 수 있는 시간이 필요하다. 최선을 다해 열심히 달려온 시간이 아깝겠지만 나를 없애버릴 만큼 중요하지는 않다. 눈물을 충분히 흘려보내고 인생의 플랜 B를 생각해야 한다.

지금까지 시험을 위해서 달려온 시간들이 아깝지만 어쩔 수 없음을 인정하고 일어서야 한다. 끝이라고 생각한 길에 또 다른 길이 열릴 수 있다. 꼭 무엇이 되었을 때만 내가 괜찮은 사람이 된다고 여겨진다면 과업 지향적인 방식으로 살아왔을 가능성이 높다. 당신은 'doing'을 해야만 가치가 있는 것이 아니라 'being', 즉 존재만으로도 의미가 있는 것을 모르는 것이다.

무엇이 되어야만 한다는 생각에서 벗어나 지금을 살기를 바란다. 지금 여기에서 인생의 작은 기쁨을 누릴 수 있는 기회를 주어야 한다. 당신의 삶에 다른 인생을 선물해 줄 수 있는 시간을 주자.

진짜 당신으로 살아갈 시간이 아직도 많이 남아 있다.

살아갈
용기

인생 리셋
아닌
리디자인으로

누구에게나 지워버리고 싶은 흑역사가 있다.

나 역시 실수를 하고 '내가 왜 그랬을까?' 하며 자책했던 때가 있었는데 이미 지나간 일은 어떻게 해도 되돌릴 수 없다. 인생을 리셋하고 싶다는 이들이 상담실에 종종 찾아온다. 과거의 것들을 완전히 지워버리고 새로 시작하고 싶다고 한다. 그 방편으로 전학, 이사, 새로운 직업으로의 변환 또는 해외유학을 꿈꾸기도 한다.

가끔 자살을 생각하는 내담자들을 만날 때도 있다. 교실에서 자살을 시도해 선생님과 친구들을 놀라게 하기도 하고, 강물에 뛰어들거나, 수일간 전화기를 꺼둔 채 집을 나가버리기도 하고, 옥상에 멍하니 서서 잠시 죽음을 생각했다거나, 고시공부에 스트레스를 받아서 목을 매었다가 줄이 끊어져서 살아난 경우도 있었다.

국가청소년위원회에서 청소년동반자로 근무할 때는 내담자들에게 휴대전화번호를 알려주었었는데, 죽고 싶다며 한밤중에 연락이 올 때면 나까지 극도의 긴장상태가 되었다. 지금 당장 죽어버리겠다고 소리 지르는 아이에게 "네 목숨 내꺼다. 너 나랑 자살포기확약서 쓴 거 기억하지? 만나서 이야기하자"라며 마음을 진정시켰다.

집 나가서 연락이 두절된 아이 때문에 부모님이 발을 동동 굴리며 선생님이 전화 좀 해달라고 연락이 온 적도 있었다. 전화를 받은 아이에게, "뭐해? 이 밤에. 빨리 집에 안 가니? 춥다" 담담하게 이야기했다.

죽으려 했던 아이들은 집으로 돌아왔다. 어쩌면 이들에겐 다시 돌아와 달라고 말해줄 누군가가 필요했을지도 모른다. 상담자와 오랜 기간 상담관계를 맺었기에 상담자의 목소리가 하나의 **정서적 안전기지**$^{secure base}$● 역할을 했을 수도 있다. 길고 긴 어두운 터널을 지나가는 내담자들에게 상담자는 같이 머물러주는 이가 된다.

상담이란, 버려지는 조각들을 모아 엮은 조각보 같은 게 아닌가 생각해본다. 상담실에 올 때는 자신의 문제에 몰입해서 자신의 삶을 보잘것없는 작은 조각으로만 바라본다. 어디에 버려도 상관없는 작은 흠 많은 조각들 말이다. 물론 상담실에 온다고 해도 조각난 삶들은 그대로일 것이다. 다만, 작은 조각들을 바라보는 눈은 달라질 수 있다.

사각조각보를 만든 적이 있다. 제각각의 작은 조각들이 하나로 이어지니 오묘하고도 아름다운 색채가 드러났다. 우리의 삶도 그렇다. 노랑과 분홍처럼 밝은 빛을 발하던 때도 있고 보라와 남색처럼 어두운 빛깔을 낸 적도 있다. 그러나 하나의 실로 엮이면 모두 오묘하고도 아름다운 모습이 된다.

상담자는 그들과 함께 지내는 시간 안에서 '조각들을 엮어가는 붉은 실'이다. 그들이 삶의 조각을 하나로 엮어서 삶의 전체를 바라볼 수 있게 되면 작은 조각들에도 아우라가 생긴다. 붉은 실이 '하찮은 작은 조각'들을 '전체의 일부'로서 하나 되게 만들어준 것이다.

인생을 리셋하고 싶다는 생각이 자꾸 든다면 보잘것없는 삶을 하나로 이어주는 이야기를 만들어 보자. 자신의 이야기들을 새롭게 엮어 보자는 것이다. 《아티스트 웨이》를 쓴 작가 카메론Julia Cameron은 영화감독 마틴 스콜세지Martin Scorsese와 이혼의 아픔을 겪으며 술에 빠져 어두운 시기를 보냈다. 이후 그녀는 아침에 일어나자마자 의식의 흐름대로 3페이지씩 모닝페이지를 작성하며 자기 안의 창조성을 다시금 일깨우기 시작했다.

자신의 이야기를 새롭게 써나가 보자.

밝든 어둡든 끊어져 있던 자신의 내면이 이야기가 되어 말을 걸어올 것이다. 이렇게 자기 자신의 삶을 하나로 통합하는 순간 진정한 나로 돌아가는 시간을 만들 수 있을 것이다.

내가
누구인지
알고 싶다면

　　자화상 중에 마크 퀸^{Marc Quinn}이 만든 〈자아(self)〉라는 작품이
있다. 놀랍게도 브론즈나 나무로 만든 작품이 아닌, 작가 자신의 두상을
본떠 거푸집을 만들고 직접 채혈한 피를 냉각해서 만든 것이다. 작가는
6주에 한 번씩 정기적으로 채혈해 5년 동안 전체 4.5리터의 혈액을 모았
다고 한다. 작품에 예술 '혼'뿐만 아니라 '신체의 일부'까지 쏟은 것이다.
조지프 캠벨^{Joseph Campbell}은 '모든 생명은 누군가의 생명을 먹음으로써 존재
한다'고 했다. 마크 퀸의 작품 〈자아(self)〉는 자신의 생명을 부어 탄생되
었다. 그는 생명에 대해서 말하고 싶었다고 한다. 피는 살아있음과 생명
력, 그리고 죽음을 의미한다.

　　자해를 하는 사람들이 있다. 자해의 이유에 대해서 물어보면 '그냥 심
심해서' 그랬단다. 피를 보면 희열이 느껴지거나 살아있음을 확인할 수

있다고도 했다. 즉, 자신의 존재가치를 찾지 못해 팔목을 그었다는 것이다. 그들의 내면은 죽어가고 있었다. 우리는 해야 하는 일만 해야 하고, 하고 싶은 일은 할 수 없을 때, 살아갈 의미를 얻지 못한다. 살아있음을 느끼지 못할 때 통제감까지 잃어버리게 된 것이다. 내가 무엇을 원하는지, 나 자신을 그대로 바라보기 위해서는 충분한 시간을 들여야 한다. 그동안 우리는 인생의 촘촘한 계단을 바삐 오르느라 내면을 바라볼 기회가 없었다.

고등학교 마지막 겨울방학 때 대학합격증을 받고나서 한동안 멍하게 시간을 보낸 적이 있었다. 대학생이 된다는 목표만 있었기에 목표가 달성된 이후는 생각지 못했다. 친구들과 노는 것도 몇 주가 지나니 재미없어졌다. 대한민국의 모든 학생에게 주어진 목표인 '대학 입학'을 성취할 수 있었지만 그 이상의 구체적인 삶의 목표나 나아가야 할 방향은 갈피조차 잡지 못했다. 입학을 하고 마음을 추슬러 대학 수업에 들어갔는데 대학 생활이 이게 다인가 싶어서 허무하기까지 했다.

그래서 상담실에 온 내담자들이 자신에 대해 충분히 탐색할 수 있는 시간을 가질 수 있는 것이 부럽다. 자신이 어떤 사람인지에 대해 모를 때, 너무 복잡하게 생각할 필요는 없다. 우선 좋아하는 음식, 놀이, 책부터 하나하나 생각해봐도 된다. 자기를 발견하고 확장해가는 작업은 평생이 걸릴 작업이기 때문에 아주 작은 것부터 하나씩 시작하자. 내면을 발견해나가는 과정은 힘들지만 즐겁고 신나는 일이다. 미니 자서전처럼 미니 스토리를 만들어보는 것도 좋다. 그리고 향후 미래의 이야기들을 만들어보는 것도 괜찮다. 좋아하는 것을 하나둘씩 늘려나가는 작업은 진정한 나를 찾기 위한 방법이다.

마크 퀸의 〈자아(self)〉는 사치라는 사람에게 약 2,300만 원에 팔렸다. 그런데 사치의 집 관리인이 전기 스위치를 제대로 관리하지 못해 냉각 상태인 작품 일부가 녹아버렸다고 한다. 일부가 녹은 그 작품은 오히려 유명세가 붙어서 23억에 팔렸다. 이렇게 〈자아(self)〉는 세상에서 하나뿐인 작품이 되었고, 이는 상징적인 사건이자 그 자체로서 의미를 갖게 되었다.

녹아버린 〈자아(self)〉처럼 세상에서 유일무이한 당신.
때로는 당신을 찾아가는 과정에 힘든 일도 생기고 당신이 이룬 것들이 일그러질 수도 있을 것이다. 하지만 당신의 존재가치는 변하지 않는다.

당신은 어떤 자화상을 그려나가고 있는가.

지금,
여기,
작은 것에서부터

모르는 사람 도와주기, 눈물 날 때까지 웃기, 장엄한 광경 직접 보기, 정신병자 되지 않기, 문신 새기기, 스카이다이빙 하기……

누군가에게는 평범한 일상처럼 느껴질 수 있겠지만, 이는 영화 속 시한부 인생을 선고받은 두 남자의 버킷리스트다.

극 중 잭 니콜슨$^{Jack Nicholson}$은 돈 버느라 인생을 즐기지 못한 기업가로, 모건 프리먼$^{Morgan Freeman}$은 가족 부양을 위해 어쩔 수 없이 꿈을 접은 설비공으로 나온다. 병실에서 만난 두 남자가 버킷리스트를 이루기 위해 여행하는 동안 그들의 육체는 점점 죽어갔지만 영혼은 더욱더 생생하게 살아나고 있음이 느껴졌다. 시한부 선고를 받았지만 슬퍼하거나 세상을 원망하지 않았다. 오히려 하고픈 것들을 다 이루기 위해 더욱더 최선을 다해 남은 생을 즐겼다.

건강한 몸을 가지고 있음에도 삶을 즐기지 못할 때가 있다. 언젠간 할 수 있을 거라는 이유를 대면서 하고 싶은 일들을 뒤로 미룬다. 만약 과거로 돌아간다면 제일 하고 싶은 것이 무엇인지 사람들에게 물어봤다.

"연애를 더 치열하게 하고 싶어요."

"공부를 열심히 하고 싶어요."

대부분의 대답들은 이처럼 과거에 하지 못한 것에 대한 후회였다. 이들은 다음에 후회할 걸 알면서도 오늘도, 하고 싶은 일들을 뒤로 미룬다.

인아는 별처럼 빛나는 사람이 되진 못하더라도 그런대로 괜찮은 사람이고 싶었다. 야근으로 지치고 상사에게 혼나는 날이 잦아지면서 내 존재는 무엇인지 모르겠다는 생각이 들었다. 하고 싶은 것들이 무엇이었는지조차 모르겠다고 했다. 명문대까지는 아니더라도 서울권에 있는 대학에 가고 싶었지만 그러지 못했다. 몇 년 동안 공무원 준비를 했으나 높은 경쟁률에 불합격 통지만 받았다. 도대체 무엇을 하고 싶은지도 모르겠고 20대의 삶이 이렇게 끝나가는 것만 같았다. 휴가 때 혼자서 해외여행을 다녀왔지만 한국에 오니 다시 초라한 현실이 시작되었다.

그녀는 삶이 무기력하다고 했다. 퇴근하고 집에 오면 씻고 드라마를 보다가 지쳐 잠들기 바빴다. 주말이 되면 영화나 전시회를 보러 다니면서 에너지를 충전했다. 하지만 월요일이 가까워 올수록 회사에 가기 싫어 마음은 점점 힘들어졌다. 내 꿈은 어디로 간 것일까?

하고 싶은 일을 찾고 싶은가. 아주 작은 일에서부터 시작하면 된다.

회사 일을 그만두고 여행가는 것만이 새로운 시작은 아니다. 인아에게 하고 싶은 것을 적어보라고 했다. 그녀는 창의적인 일이 하고 싶다고 했다. 그림도 그리고 싶고 플로리스트도 돼보고 싶다고 했다. 그런 그녀에게 여러 가지를 권유했다.

"지금 하는 일이 싫다면 취미를 가져볼 수 있는 시간을 만들어 보세요. 요즘 꽃꽂이 원데이 클래스나 드로잉 프로그램이 많이 열려있더라고요. 새로운 사람들도 많이 만나 보고요."

혼자가 힘이 들 때는 공동체가 필요하다. 그녀는 그렇게 미뤄두었던 일들을 하나씩 시작했다. 취미가 직업이 될지 그저 취미로 머물게 될지는 모르지만 그래도 한 걸음의 작은 시작이 인아를 그녀답게 만들 것이다.

나 역시도 오랜 시간 동안 이런저런 핑계를 대며 하고 싶은 것들을 마음속에 담아만 두고 살았다. 그중 한 가지는 해외여행이었다. 20대엔 '나중에 돈 많이 벌어서 가야지'라고 생각하며 비행기 타는 건 꿈도 안 꿨다. 친구들이 일본과 캐나다에 유학 가 있어 여행 준비가 어렵지 않았음에도 말이다.

그러다 봉사활동을 시작하며 기회가 생겨 뒤늦게 아프리카와 이스라엘, 두바이를 가게 되었다. 일행 중엔 어린 친구들도 있었다. 부모를 따라 해외봉사활동을 하러 온 학생들을 보며, 나도 조금 더 일찍 다른 나라를 경험했다면 세상을 보는 눈이 더 넓어지지 않았을까 싶었다.

아프리카와 이스라엘에 가서는 사람들 앞에서 자유롭게 춤을 추었다. 어린 시절부터 춤 잘 추는 사람들을 동경했지만 남들 앞에서 몸을 움직이는 건 상상만 해도 낯간지러운 일이었다. 하지만 낯선 땅이라 그런지 자신감이 붙었고, 온몸으로 자유로움을 표현하는 것이 무엇인지 비로소 알게 되었다.

또한 상담 공부를 시작하기까지 많은 시간을 고민하면서 보냈다. 그러나 '~할 걸'이란 말로 삶을 끝내고 싶지 않아 직장을 그만두고 대학원에 진학해 유료상담을 하면서 많은 내담자들을 만났다.

그리고, 그림을 그리고 싶어 그림을 그렸다. 그림을 처음 시작하는 사람들과 함께 엽서 크기의 드로잉작품으로 작은 전시회도 열었다. 잘하고 싶다는 욕심을 버리고 그저 시작하여 꾸준히 하는 것에 목표를 두자 하나씩 차근차근 계단을 밟아갈 수 있었다.

영화 〈버킷리스트〉의 두 남자처럼 지금 당장 죽을병에 걸린 건 아니지만, 우리 모두는 언젠가 죽게 될 운명이다. 큰 꿈을 갖자는 게 아니다. 작은 용기를 내어 조금씩 하고픈 걸 하자는 것이다.

한비야는 《중국 견문록》에서 이런 말을 했다.
"길을 모르면 물으면 될 것이고, 길을 잃으면 헤매면 그만이다. 중요한 것은 나의 목적지가 어디인지 늘 잊지 않는 마음이다. 그곳을 향해 오늘도 한 걸음씩 걸어가려 한다. 끝까지 가려 한다. 그래야 이 길로 이어진 다음 길이 보일 테니까."

　당신도 늦지 않았다.
　시간이 지나 기회가 없어진 것 같더라도 지금 시작해보기 바란다. 나중에 사라져버린 시간 때문에 후회하느니 무엇이 되었든 '지금 여기'에서 시작하기를 바란다. 나의 소중한 시간들이 손 안에서 재가 되어 바스러져 어딘가로 날아가기 전에 말이다.

어린 시절의
놀이가 주는
뜻밖의 조언

　　회사의 스케줄대로 정해진 일을 하다가 상담이라는 미지의 세계로 뛰어들었다. 조직을 벗어나 혼자 모든 것을 떠맡아야 한다는 불안감은 상상 이상이었다. 회사조직의 명함이 없어진 '그냥 나로서' 살아간다는 것이 두려웠다. 하지만 다시 회사로 돌아가고 싶진 않았다.

　대학원에 입학한 다음 가해 의식형 사회 공포증 내담자가 치료받고 싶다고 찾아온 뒤로 상담을 위해 찾아오는 이들이 끊이지 않았다. 그들의 증상을 단순히 치료하는 것뿐만 아니라 그들 스스로 자신의 장점을 발견하고 변화하는 모습을 지켜보는 것이 놀라웠고, 한편으로 매우 기뻤다. 그런데 어느 순간부터 건전지 배터리가 닳아가는 것처럼 점점 생의 활력이 떨어지다가 결국 소진되고 말았다. 상담은 내담자의 감정에 공감하고 함께 경험해야 하는 일이기에 많은 에너지가 소모되었다. 게다가 학업과 상담을 병행하다 보니 정작 나 자신은 돌보지 못했던 것이다.

무엇보다 나의 감정이 메말라가고 있었다.

감정은 에너지의 원천이며 동기^{motivation}이다. 삶이 지루하다는 것은 인생을 생기 있게 만들어주는 것들이 사라졌음을 의미한다. 인생은 버텨내야 하는 것이 아니라 즐겨야 하는 것인데 내 인생의 중요한 무엇인가를 놓쳐버린 것 같았다. 그렇게 원하던 상담사가 되었지만 행복하지 않았다.

그러던 중 카를 융의 전기《기억, 꿈, 사상》을 읽게 되었다. 의사였던 그는 3년 동안 심각한 혼란을 경험하면서 어떠한 연구나 강의 활동도 할 수 없게 되었고 심지어 책조차 읽을 수 없었다고 한다. 정신이 산만하고 혼란스러워 어린 시절에 갖고 놀았던 돌로 벽돌 쌓기와 모래놀이를 시작했다고 한다. 그런데 신기하게도 열한 살 소년시절에 하던 놀이를 즐기면서 정신적인 균형을 찾아갔다고 한다.

그는 원초적 체험에서 나오는 직관을 통해 생명으로 가는 힘이 나온다고 했다. 어린 시절에 즐겨했거나 안전한 대상이 되어주었던 놀이가 치유의 효과를 가져온다는 것이다. 그가 돌로 벽돌 쌓기를 하는 것은 중년의 위기를 돌파하는 일이었다. 벽돌 쌓기를 통해 진짜 자기, 진짜 자아와의 만남이 시작된 것이다.

나는 나와의 만남을 어떻게 시작해야 할까?

가장 먼저, 내게 필요한 것이 무엇인지 생각해 보았다. 모든 일정은 중지시키고 오직 나에게만 집중했다. 내 몸이 제일 원했던 건 안식이었다. 느슨하게 풀어져서 아무것도 하지 않고 여유롭게 보낼 시간. 그리고 나는 더 나은 상담자가 되자고 그동안 스스로를 몰아세우고 있었음을 알아차리게 되었다. 누군가를 돕기 위한 사람이 되고자 했으나 정작 나의 욕구를 존중하고 돌보지는 못했다. 그렇게 상담사가 아닌 한 개인으로서 나의 욕구가 무엇인지 찾아가기 시작했다. 신화학자로 유명한 조지프 캠벨은 취업을 꿈꿀 수조차 없었던 대공황 속에서 작은 숲에 우드스톡이란 오두막을 짓고 책을 읽으며 5년이라는 시간을 보냈다고 한다. 물론 나는 그처럼 몇 년간 안식년을 가질 순 없었지만 되도록이면 일을 줄이려고 했다. 더 이상 새로운 내담자를 받지 않았고 개인적으로 전화번호를 알려주는 일은 하지 않았다. 일과 쉼을 명확히 구분하기로 했다.

그 다음, 내가 좋아하는 것이 무엇인지 곰곰이 찾아보기로 했다. 나는 무엇을 할 때 기분이 좋은지, 무엇을 할 때 즐거운지, 내면의 목소리에 귀를 기울이기 시작했다. 나에 대해 새로이 배우고 매일의 즐거움을 선택해가며, 다른 방식들을 실험해보고 싶었다.

아이들은 매일매일 사소한 놀이에서 즐거움을 느끼고 자기다워진다. 나는 놀이치료실에 오는 아이들을 보면서 자신이 좋아하는 것을 찾아가는 과정을 지켜볼 수 있었다. 처음에는 게임기가 있었으면 좋겠다고 하던 아이들이 놀잇감을 이것저것 탐색하기 시작했다. 간혹 무엇을 해야 할지 모르겠다면서 선택을 미루기도 하고 아무런 결정을 내리지 않기도 한다. 그러다 어느 순간 아이들은 자신이 택한 놀이를 통해서 자신에게 무엇이 필요한지 찾아낸다. 아이들이 자신의 놀이를 스스로 선택하게 함으로써 자신이 주체적인 존재임을 깨닫게 하기 위해 나는 아이들의 선택을 돕지 않았다. 아이들은 새로운 일을 찾아 시도해보고 그게 아니면 다른 것을 탐색했다.

오랜 기간 병원에서 약물치료를 하고 여러 치료기관에서 놀이치료를 했으나 아무런 도움을 받지 못했다는 아이를 만난 적이 있었다. 혼자만의 세계에 빠져 있는 아이는 주의력 결핍장애와 비전형적 발달장애로 판정받아 눈 맞춤도 안 되고 시종일관 무표정이었는데 치료를 하면서 반응성 애착장애인 것으로 판단되었다. 두 달 내내 이 물건 저 물건 탐색만 하던 아이가 모래놀이 치료 상자에서 공룡을 파묻었고, 다시 파묻혀 있는 공룡을 두드려 캐내는 작업을 여러 번 반복했다. 그 작업은 오랜 기간 반복되었는데, 마치 자기만의 세계에 갇혀있던 낡은 자아를 부수고 새로운 방식으로 빠져나오는 것 같았다.

놀이를 통해 아이들은 창조와 재생의 과정을 거친다. 혼잣말만 하던 아이가 어느 날부터 내게 말을 걸기 시작했고 미소 짓기 시작했다. 아무 반응도 없던 아이가 자신이 만든 작품이라며 자랑스럽게 무언가 보여주었을 때는 나에게 접촉을 시도한 것 같아서 반가웠다.

내가 만난 모든 아이들은 자신을 표현할 줄 아는 놀라운 예술가들이었다. 그 놀라운 예술가는 성인이 된 우리의 내면에 지금도 살아있다. 누구에게나 자기를 표현하는 독특한 방식이 숨어있는 것이다.

부모님에게 어린 시절 내가 좋아했던 것이 무엇인지 물어보았더니 사람들에게 이야기 들려주는 것을 즐거워했다고 한다. 다가구주택 집집마다 대문을 활짝 열어놓고 한 가족처럼 지냈었는데, 동네 사람들이 모이면 동화나 직접 만든 이야기를 마구 떠들었다고 한다.

그런 장면들이 좀처럼 기억나지 않았지만 초등학교 때 글 쓰는 것을 좋아했던 것은 분명했다. 동화를 각색하거나 개그맨들이 하는 유행어를 적절히 섞어 재미있는 희곡을 만들었다. 그러고는 친구들을 불러 모아 바닷가에서 주운 소라로 왕관을 장식하고 금색 마분지를 잘라서 옷에 장식을 해 의상을 준비했다. 내가 만든 이야기로 우리끼리 연극 놀이를 했던 것이다.

다시 돌아갈 수 없는 삶의 순간들을 기억하니 그때로 돌아가고 싶었다. 아무런 군소리 없이 내가 기획한 연극에 참여한 친구들 덕분에 학예회 때 부모님들 앞에서 연극 공연도 선보일 수 있었다. 내가 만든 이야기로 사람들에게 즐거움을 줄 수 있다는 것이 그 시절 나에게 가장 큰 기쁨이었다.

그러던 어느 날, 무슨 글이든 써보고 싶다는 내 안의 소리가 또다시 들려왔다. 상담을 하면서 타인의 이야기를 듣는 것도 중요하지만, 글을 통해 누군가에게 영향력을 주는 창조적인 삶도 살고 싶었다. 글을 쓰고 무대를 꾸며보았던 어린 시절의 일들이 내가 계속 하고 싶었던 것이었음을 알게 되었다.

나를 드러내는 글이나 그림은 스스로 할 수 있는 심리치료다. 특별한 상담기술 없이도 깊은 곳의 감정까지 끌어낼 수 있기에 가끔은 연금술 같은 마법처럼 느껴지기도 한다. 지금은 아무것도 보이지 않지만 무언가 시작할 시간이 되었다는 것을 알았다. 오랜 시간 해보지 않았던 것을 혼자 하려니 익숙하지 않았다. 어디서부터 어떻게 시작해야 할지도 막막해졌다.

먼저 글을 쓸 곳을 찾기로 했다. 대부분의 사람들은 사회적 관계나 거리상으로 가까운 사람들과만 관계하게 된다. 상담을 해보면 전업주부, 대기업 직장인, 선생님, 간호사 모두 비슷한 영역의 사람들과 관계하며 그 세계를 벗어나지 못했다. 나는 상담사로 둘러싸인 내 영역을 벗어나 글을 쓰고 그림을 그리며 함께 즐거워할 수 있는 사람들을 만나기로 했다. 같은 관심사를 가진 사람들이 있다면 서로에게 많은 도움이 될 것이리라.

그렇게 글쓰기 커뮤니티에 가입했다. 게시판에 올린 글을 지우고 싶을 때도 있고, 문장력이 미흡해 아쉬움도 남았지만 하고 싶은 것을 한다는 즐거움이 있었다. 글쓰기는 어렵지만 매일 내 속내를 털어놓으면서 나를 찾아가고 있었다.

스티브 잡스가 스탠포드 대학에서 이런 연설을 했다.

"당신의 시간은 제한되어 있다. 타인의 삶을 사느라 시간을 허비하지 말라. 도그마에 발목 잡혀 있지 말라. 타인의 의견이라는 소음이 당신 내면의 목소리를 뒤덮도록 하지 마라. 자신의 심장과 직관을 따르는 용기를 가져라."

대단한 영웅은 아닐지라도 우리는 우리 삶의 단 하나뿐인 주인공이다. 내가 무엇을 좋아하는지 곰곰이 생각해보자. 타인의 이야기가 아닌 자신의 이야기에 얼마나 귀를 기울이는가. 스마트폰과 인터넷 포털 사이트에 빼앗긴 시선을 나에게로 돌려보자. 내가 좋아하는 놀이는 무엇이었는지 찾아보자.

당신의 마음속 욕구들과 그 크기를 모두 알 수 없다. 그러나 자신을 한계 짓지 말았으면 한다. 소설이나 드라마 속 주인공들에게 공감하고 응원하는 이유는 갖가지 시련에도 불구하고 그들은 자신의 이야기를 써나가기 때문이다. 당신도 당신의 이야기를 쓰기 바란다.

당신에게는 지금도 선택권이 있다.
당신의 삶을 어떻게 바라볼지는 당신에게 달려 있다.

내 인생의
파 노 라 마
그 려 보 기

YOUR
MIND
CREAM
made by maumdal

CHOCOLATE
STRAWBERRY
SWEETS

내 인생에는 햇빛이 찬란하게 비친 적 없었던 것 같을 때,
어두운 터널만을 지나고 있는 것 같을 때,
인생그래프를 그려보자.
기뻤던 때는 점을 높이 찍고 슬펐던 때는 점을 낮게 찍어라. 그 외에
기억나는 몇 가지 사건도 점 찍어보자. 그렇게 해서 각각의 점을 연결해
보는 것이다.

한 편의 영화에는 어두운 절망의 길과 반짝거리는 희망의 길이 섞여
있다. 하나의 필름에 여러 사건이 연결되어 있는 것처럼 당신의 삶에도
기쁨과 슬픔이 함께 엮여 있을 것이다. 지금 어둡다고 인생 전체가 어두
울 것이라는 생각은 고이 접어두자.

기뻤던 순간과 슬펐던 순간의 패턴이 있는가?
당신은 어느 순간 가장 기쁨을 느끼는가?
어느 때에 슬픔을 느끼는가?
삶의 반복적인 패턴은 보이는가?

과거-현재의 인생그래프

—————————————————————————————

   0   10대   20대   30대   40대

그럼, 이제 현재에서 미래의 인생그래프를 만들어보자. 어떤 인생으로 살아가고 싶은가? 당신의 소망이 무엇인지 찾아가보자. 어떤 삶으로 가고 싶은가? 과거와 현재와 미래가 연결되어 있는 것이 느껴지는가?

현재-미래의 인생그래프

—————————————————————————————

30대   40대   50대   60대   70대   80대

먼길을 돌아,
다시 나에게로

지루한 일상을 구원하는 몰입의 힘

루나   제가 그래도 수석으로 대학에 들어왔거든요. 피디시험에 당연히 합격할 거라고 생각했어요. 그런데 이렇게 계속 떨어질 줄은 몰랐죠.

마음달   피디가 되고 싶었던 이유가 있나요?

루나   제대로 대우받고 싶었어요. 가족들한테도 인정받고요. 집에서 아빠는 '여자가 뭘 안다고'라는 말을 자주 했죠. 동생에게는 과외까지 시키고 전 신경도 안 쓰셨어요. 몇 년째 이렇게 준비를 해도 안 되니 이젠 뭘 해야 할지 모르겠어요. 가끔은 죽어버리고 싶다는 생각이 들어요. 로또나 됐으면 좋겠다는 생각도 들고. 지금 절 보면 사실 답이 없잖아요.

　

루나는 드라마 피디가 되어 엔딩 스크롤에 떳떳하게 자기 이름을 올리고 싶다. 이후 이름이 널리 알려지면 프리랜서로 전향해 돈도 많이 벌고 큰 집과 비싼 차로 당당히 살고 싶다. 하지만 지금의 자신은 너무 초라해서 보기 싫었다. 스타 피디가 되기 전까지는 행복해질 수 없을 것 같았다. 피디가 될 때까지 이렇게 지리멸렬한 삶을 살아야 하는 것일까?

오로지 피디만을 외치는 루나의 심정이 이해는 간다. 고시원에서 생활하며 방송국 입사 시험을 열심히 준비했지만 이번에 또 불합격하니 깊은 좌절감에 빠지게 된 것이다. 자신의 현실이 보잘것없기 때문에 로또에 당첨되는 공상도 한다. 확률 낮은 로또 한 방으로 인생이 역전된다는 상상 말이다. 언제가 될지 모르는 그날을 매일매일 생각한다.

사람들은 지금의 내 모습이 초라할수록 이상적인 자기상을 커다랗게 만든다. 상상을 잔뜩 불어넣은 풍선은 점점 부풀어 오르다가 뻥하고 터지게 되고 결국 찢어진 작은 조각만 남는다. 초라한 현실을 직시하는 순간이 그렇다.

그런데 생각해보니 나도 루나와 다를 바가 없었다. 나 또한 '언젠가는'을 외치는 중독자였다. 지금의 현실에서 만족을 얻기보다는 언젠가는 이루어질 것들을 바라며 살아왔다. 직장을 다니고 있을 때는 '언젠가는 내가 원하는 대학원에 들어가면', 입학해서는 '언젠가는 석사 논문을 쓴다면', 석사 졸업 후 3년간의 수련 과정에서는 '언젠가는 상담심리전문가가 되면' 행복해진다 믿었다. '미래'에 발목이 저당 잡혀 '지금 여기에서'의 기쁨을 온전히 누리지 못했던 것이다.

그러던 어느 날 〈능력자들〉이라는 TV 예능 프로그램을 보고 다소 충격에 빠졌다. '언젠가는 중독자'인 나와는 180도 다른, '지금 여기의 즐거움'에 푹 빠진 사람들의 이야기였다. 오타쿠 혹은 덕후라고 불리던 이들이 자신의 관심사에 대한 애착을 마음껏 드러내고 있었다.

명칭을 바꾸면 바라보는 눈도 달라지는 것인가? 진행자들이 그들을 '능력자'라고 부르니 어쩌면 그들이 진짜 능력자일지도 모른다는 생각을 하게 되었다. 오드리 헵번에 빠져서 그녀를 닮은 인형을 만들고, 사극에 빠져서 역사를 줄줄 외우고 있는 그들은 그 분야의 전문가나 다름없었다.

덕후 기질을 타고났다는 이영희 기자의 《어쩌다 어른》을 재미나게 본 적이 있기에, TV 속 능력자들의 모습이 반가웠다. 이영희 기자는 오빠(연예인)들을 만나기 위해 기자가 되었다니 덕후의 모범적인 사례라 할 수 있겠다. 함께 나이 들어가는 아이돌을 보면서 '나도 멋지게 사는 중년이 되자'라고 결심하고, 청소를 할 때도 '장기하와 얼굴들'의 노래를 노동요 삼아 리듬에 맞춰 걸레질을 한다고 한다. 자기만의 취향을 아는 자는 하루를 살아도 남다른 모습이다.

소소한 취향 이외에도 삶에서 몰입하는 순간들을 하나씩 만들어 나가면 즐거움을 늘려갈 수 있다. 톨스토이^{Leo Tolstoy}의 《안나 카레니나》에서는 레빈이 몰입의 순간을 즐기는 모습을 그려낸다. 레빈은 풀을 베면 벨수록 망각의 순간을 느끼게 되는데, 그가 의식하고 일을 하지 않아도 마치 마법에 걸린 것처럼 저절로 일이 진행되는 경험을 하였다. 레빈은 이럴 때가 가장 행복한 순간이라고 한다. 풀베기에서 몰입의 즐거움을 경험하는 것이다.

이처럼 '언젠가는' 증후군에서 벗어나 '지금 이 순간'을 즐기기 위해서
는 몰입의 경험이 필요하다.

칙센트 미하이$^{Mihaly Csikszentmihalyi}$는 《몰입의 경영》에서 몰입의 전제조건을
설명한다.

첫째, 명확한 목표가 있어서 매순간 자신이 무엇을 해야 하는지 정확
히 알고 있어야 한다. 결과에만 집착하는 것이 아니라 각 단계의 즐거움
을 경험하는 것이다.

둘째, 피드백이 즉각적으로 이루어져 적절한 시점에서 얼마나 잘하고
있는지 알 수 있어야 한다.

셋째, 도전과 능력 사이의 균형을 유지해야 하는데 실행이 가능하면서
도 어느 정도의 난이도는 필요하다.

미하이는 몰입을 하면 집중을 하게 되고, 자유로움을 느끼며, 자의식
을 상실해서 자기 목적적 경험을 하게 된다고 한다. 즉 외부의 보상과는
상관없이 행위 자체가 목적이 되는 것이다. 몰입을 자주 경험하는 사람
은 긍정적인 정서를 갖게 되고 다시 몰입하게 된다.

멋진 미래를 꿈꾸며 말라빠진 현실을 꾸역꾸역 보내고 있다면 소소한
즐거움을 끌어내야 한다. 우리 삶을 위해 몰입의 순간을 만들어가는 것
이 필요하다. '언젠가는'을 외치며 지금을 지루하고 재미없게 살 수는 없
다. 원하는 합격소식을 듣지 못했어도 좌절감에 빠져있을 수만은 없다.
먼 미래의 로또만 목 빠지게 기다릴 수도 없는 노릇이다. 우리는 지금 이

순간의 나도 잘 돌보아야 한다.

사소한 즐거움이 버석버석한 삶에 향기를 제공할 것이다. 레빈처럼 풀 베기에 빠져들든, 이영희 기자처럼 연예인에 팬심을 가지고 살아가든, 어떤 능력자처럼 사극에 빠져들든 그 어떤 것도 괜찮다.

무라카미 하루키村上春樹는《이렇게 작지만 확실한 행복》에서 '서랍 속에 반듯하게 개켜진 깨끗한 팬츠가 쌓여 있다는 건 인생에 있어서 작지만 확실한 행복이 아닐까'라고 생각한다고 했다.

그렇다. 구체적이고 확실한 행복은 지금 여기에 있다. 무한 반복되는 일상에 내가 몰입할 수 있는 취향들로 채워나간다면 이 순간에 집중할 수 있지 않을까.

타인의 말보다
나의 독백이
중요하다

〈Foundation〉은 마르셀 뒤샹^{Marcel Duchamp}이 공업용 대량 생산품
인 소변기에 '샘'이라는 이름을 붙인 작품이다. 작품을 본 사람들 대부분
은 이해할 수 없다는 반응을 보였다. 뒤샹이 이 작품을 출품했을 때 미
술계에서는 예술사에 대한 모독이라고 여겨 그의 작품을 철거했다. 도둑
맞아서 사라져버린 원본 대신 사진으로만 남은 그의 '샘'은 현대미술사에
중요한 작품이 되었다.

그의 작품이 나왔던 때는 제1차 세계대전 이후로 사람들이 정서적인
충격에 빠져있던 시기였다. 당시 '의미 없다'는 뜻을 가진 다다이즘이라
는 미술사조가 유행했다. 뒤샹은 창조적으로 작품을 만드는 것만이 예
술이 아니라, 예술가가 작품에 서명을 남기는 것이 예술을 예술로 보이

게 한다고 했다. 즉 '소변기'를 '샘'으로 만들 수 있는 것은 예술가인 '뒤샹' 바로 자신이라는 것이다.

상담을 하다보면 사람들이 자신에 대해 특별하게 부르는 이름을 갖고 있다는 것을 발견하게 된다. 각 사람들은 자신의 고유한 서명^{signature}을 갖고 있다. 다른 사람들은 모르는 자신의 고유한 이름말이다.

당신은 자신을 무엇이라고 부르고 있는가? 당신이 자신에게 자주 하는 이야기를 들을 때 어떤 기분이 드는가? 자기가 생각하기에 자신이 그렇다고 믿는 믿음을 자기개념, 일반적으로 자존감이라고 한다.

현실치료를 주장한 글래서^{Glasser}는 인간이 경험하는 현실세계는 시각, 청각, 미각, 촉각의 감각체계와 지각체계를 거친다고 한다. 이때 특별한 사진기로 찍어 지각세계에 전달된다. 즉, '다른 사람들이 나를 싫어할 거야'라고 생각한다면 자기 자신을 부정적으로 인식하게 되고, '사람들에게 많은 사랑을 받고 있는 것 같아'라고 생각한다면 스스로를 긍정적으로 인식하게 된다는 것이다.

세상을 비추는 카메라에 필터가 있다면, 우리는 그 필터로만 세상을 바라보았을 것이다. 이것은 필터가 깨끗한지 수시로 확인하며 세상을 바라보는 자신의 관점에 대해 객관적으로 관찰하는 태도가 필요한 이유다. 하지만 자신의 시각을 고치기는 여간 쉽지가 않다.

사람들은 자신이 원하는 것만 보려고 한다. 그러나 만약 오랫동안 쓰고 있던 안경에 먼지가 끼어있다면 손수건으로 닦아내거나 다른 것으로 교체해야 하는 것처럼, 현재 나의 관점이 융통성 없다면 현실에 맞게 수정해나갈 필요가 있을 것이다.

나를 바라보는 관점을 어떻게 수정해나갈 수 있을까?

우선 내가 나에게 전하는 독백부터 잘 들어보자. 뒤샹이 자신의 작품에 서명을 함으로써 예술이 되도록 만들었듯이, 우리는 '나'라는 작품에 어떤 서명을 하고 있는가? 나에 관한 타인의 이야기는 중요하지 않다. 주변 사람들에게는 친절하나 자신에게는 모질고 냉혹한 사람들을 간혹 만나게 된다. 최은영 작가의 소설 《쇼코의 미소》 중 작가의 말에서 십대와 이십대의 나는 나에게 모진 인간이었고 나에게 부당하게 대했던 것에 대해 나에게 미안하다고 말하고 싶다는 부분에 울컥했다. 나 또한 십대, 이십대를 방황하며 있는 그대로의 나를 사랑하지 않았던 사람이기 때문이었다.

더 이상 거친 독백으로 스스로를 지치게 하지 말자. 내가 나에게 하는 이야기 즉, 독백을 바꿔보는 데에서부터 시작해 보길 바란다.

"괜찮다. 잘 살아왔다. 수고했다"고 말해보자.

당신은 스스로에게 어떤 서명을 남기고 있는가?

끄적임은
계속 되어야
한다

      비정규직으로 적은 월급을 받는 내담자들을 보면 마음이 아프다. 보이지 않는 유리장벽은 왜 이리 높은지. 4년제 대학이 아니라고, 전공자가 아니라고, 소중한 꿈들이 쉽게 좌절된다. 그래서 당장 돈을 벌기 위해 자신이 하고 싶은 일은 뒤로 제쳐두는 사람들이 많다. 신문에 보도되는 청년고용지표들이 유쾌한 수치를 보여주고 있진 않지만, 그럼에도 불구하고 나는 '꿈'을 좇는 삶을 지지하고 응원하고 싶다.

    상담이 마치 과거에만 파고들어 부모 탓이나 하는 것으로 착각하는 이들도 있겠지만, 실제로는 현재나 미래의 진로 때문에 이곳을 찾는 이들도 많다. 우리는 지금 이 순간을 살아가고 있는 것이지 과거에만 머물고 있는 게 아니기 때문이다. 특히 내가 가장 안타까울 때는 가진 자원이 많은데도 불구하고 스스로를 한계 짓고 꿈을 빨리 포기하는 사람이다.

나나는 졸업 후 전공을 살려 패션 회사에 입사했다. 열정페이라고 할 만큼 적은 월급을 받으면서 디자이너가 되기 위해 꿈을 향해 달렸다. 하지만 계속되는 야근과 상사의 막말에 지쳐 결국 1년을 버티지 못하고 그만두었다. 의상학과라는 전공을 버리고 다른 직업을 찾아보려 했지만 일자리를 구하는 것이 쉽지 않았다.

파견제 계약직 직원을 뽑는 회사에 지원서를 넣어서 대기업에 입사했지만 손에 쥐어지는 월급은 150만 원 정도였다. 상사의 계속되는 업무지시와 정규직 사원들의 이런저런 요구들을 맞춰주다 보니 점점 힘겨워지기 시작했다. 고등학교 내내 패션 디자이너가 되겠다고 꿈꿨었는데 미래는 산산이 부서진 것 같았고, 계약직도 조만간 계약이 완료되는 터라 마음이 뒤숭숭해졌다. 어디로 가야 할지 모르겠다는 마음만 커져갔다.

이십대 중반을 넘어 서른이 다 되어 가는데 이제 꿈은 사라졌다고 한숨을 쉬었다. 자기만 제대로 자리 잡지 못한 것 같아 슬프다고 했다. 열정페이를 받았던 어시스트 생활을 조금만 더 이 악물고 버텼으면 지금쯤 나아지지 않았을까 후회하는 모습도 보였다. 그런 그녀가 언젠가 나에게 조심스럽게 일러스트레이션을 보여준 적이 있다. 몇몇 그림이 아주 인상 깊었다. 감각이 있어 보였다.

나나에게 블로그에 그림을 올려보는 것은 어떤지 물어보았다. 요즈음에는 인스타그램에 그림을 올리고 기회를 갖는 이들도 더러 있다고 말해주었다. 나나는 누군가 자신의 그림을 도용하거나 악플이라도 달면 어쩌나 걱정된다고 했다.

부모님 형편이 안 돼서, 미래가 불안해서, 여러 가지 이유로 기회들을 넘겨버리는 이들을 보면 등이라도 떠밀고 싶다. 지금 하는 일을 하면서 주말을 이용해 하고 싶은 것들을 시작해도 된다. 무엇이든 처음은 두려운 법이며 선택한 길이 어떻게 될지는 나도 알 수가 없다.

밀란 쿤테라의《참을 수 없는 존재의 가벼움》에 나오는 마리아가 그랬다. 부모로부터 제대로 대우받지 못해서 자신을 별 보잘것없는 사람으로 여겼다. 토마스를 만나고는 그에게 사랑받는 사람이 되고자 애썼다. 하지만 마리아가 진짜 빛이 나는 순간은 사진을 찍을 때였다. 좋아하는 일을 할 때 비로소 자기만의 세상이 생긴 것이다.

그림을 잘 그리거나 사진을 잘 찍는 등 재능이 충분함에도 불구하고 쉽게 포기하는 사람들이 있다. 블로그, 인스타그램, 페이스북 같은 SNS를 통해 어디서든 자신의 작품을 보여줄 수 있는 시대다. 잘 나가는 일러스트레이터 '밥장'도 원래 평범한 회사원이었다. 어느 날 그림에 매료된 그는 잘 다니던 회사도 그만두고 꾸준히 그림을 그리기 시작했다. 그리고 비전공자는 성공하기 어렵다는 편견을 깨고 일러스트레이터로서 마침내 자신의 이름을 알렸다.

지금은 부적응자로 보이나 타고나기를 '창조자'로 태어난 이들이 있다. 무언가를 만들고, 무언가를 그리고, 무언가를 말하지 않으면 안 되는 사람들이다. 크리에이티브한 사람들이 움츠러드는 이유는 더 잘하는 사람과 비교하기 때문이다. 이제 시작했으면서 실력자들과 비교하는 것은 경지에 이른 사람들이 흘린 땀과 기울인 시간을 제대로 보지 않는 것이다.

당신도 달라질 수 있다. 비교 상대는 타인이 아닌, 당신 자신이어야 한다. 다른 사람들의 평가에 휘둘리다가는 아무것도 못한다.

어느 날 사진 전시회를 보러 세종문화회관에 갔다가 서울예술시장 소소에 들른 적이 있다. 이리저리 구경하다가 컵 하나를 집었는데 내 맘에 쏙 들었다. 이 시장에서 자신의 물건을 늘여놓은 사람들 중에는 잘 나가는 디자이너도 있겠지만, 대부분은 작은 가게를 하거나 블로그를 하면서 자신의 작품을 알리는 신인 작가들이었다. 그들과 대화를 나누고 작품을 구경하면서 놀라운 점을 발견했다. 어두운 표정을 하고 있는 사람이 단 한 명도 없었던 것이다. 어쩌면 경제적으로 힘들지도 모르고 이제 막 초보 예술가로서 첫발을 내딛은 것이니 불안할지도 모른다. 시장에서 예술성만 따지면 굶어 죽기 쉽고, 그렇다고 대중성만 따르기 어렵다. 피카소처럼 대중적으로 성공하고 작품성으로도 인정받는 예술가가 되는 것은 쉽지 않겠지만 타인과 눈높이를 맞출 필요는 있다. 그래서인지 사람들과 마음을 나누려고 밖으로 나온 예술가들이 아름다워 보였다.

하고 싶은 일들이 있는데 이런저런 이유로 중단했다면 제발 포기하지 마라. 당신의 능력을 더 이상 숨기지 말고 드러내기 바란다. 자신을 알리는 일이 어색할지라도 말이다. 뇌는 새로운 경험을 할 때 가소적인 변화를 일으키게 된다. '신경 성장 인자'는 수상돌기를 자라게 하고, 새로운 뉴런을 발달하게 한다. 즉 행동이 변화함으로써 뇌가 변화한다는 것이다.

그 자리에서 멈춰버리고 난 뒤 지난날을 후회하는 어른으로 살지 않았으면 좋겠다. 내 눈에는 당신의 장점과 자원이 보이는데 왜 당신은 모른단 말인가? 시작하라. 무엇이 나오든 어떠한가? 마녀가 마술을 부릴 때 넣는 것들은 개구리 뒷다리, 이름 모를 풀들과 독들이다. 그 별 것 아닌 것들이 마법의 주재료이다.

처음에 나오는 작품들이 보잘것없어 보일지라도 믿어라.
만들다 보면 나올 것이다.
그리고 포기하지 마라.

당신은 타고난 예술가다.

당신의 삶,
마지막으로
남기고 싶은 것

YOUR
MIND
CREAM
made by maumdal

CHOCOLATE
STRAWBERRY
SWEETS

  정신건강의학과에서 실시하는 종합심리검사 중 50개의 문장을 완성
시키는 문장완성검사라는 검사를 진행한 적이 있다. 검사 결과 '과거로
돌아간다면 공부를 열심히 하겠다'와 '미래에는 봉사를 하겠다'는 사람
들이 많았다. 책《프로페셔널의 조건》에서 피터 드러커는 40세 이전에
봉사활동을 하지 않는 사람이 이후에 봉사활동을 할 확률은 적다고
했다. 돈이 없는 현재에도 봉사하지 않는데 시간과 돈이 많아진다고 해
서 다른 사람을 돕지는 않을 것이라는 의미이다. 내가 실제로 돈을 쓰
는 곳이 내 가치를 두고 있는 곳이다.

  최근 들어 미래에 건물주가 되고 싶다는 이들이 늘고 있다. 무엇이 되
는 것이 아니라 무엇을 가진 상태를 꿈꾸는 것이다. 그렇다면 건물주가
되었을 때 돈을 어디에 쓸 것인지 생각해보자. 당신이 천만 원을 가지고
있다면 어떻게 돈을 사용할 것인가? 당신에게 주어진 천만 원을 어떻게
배분할 것인지 생각해봐야 한다. '어디에 어떻게 돈을 쓸 것인가'가 당신
의 가치일 수도 있고 당신의 결핍일 수도 있다. 하고 싶은 일 순서대로
목록을 작성해 당신의 가치관을 찾아보자.

마음달 🌙 처방전

1 만족스러운 결혼생활   11 원하는 직업에서의 성공

2 여유로운 시간과 자유   12 세상의 정의를 이루는 것

3 타인에게 미치는 영향력   13 타인의 인정과 사랑

4 가고 싶었던 곳으로의 여행   14 정서적 안정감

5 멋진 외모   15 지혜와 통찰력

6 타인의 설득할 수 있는 능력   16 _____

7 친밀한 가족관계   17 _____

8 둘도 없는 진정한 친구   18 _____

9 오래도록 건강하게 사는 것   19 _____

10 경제적인 안정감   20 _____

YOUR
MIND
CREAM

made by maumdal

CHOCOLATE
STRAWBERRY
SWEETS

나는
부족하지만,
또
나라서
충분하다

· · ·

단발머리 소녀였던 사춘기 시절, 빨리 어른이 되고 싶었다. 학교에서 정해준 교복을 매일 입어야 하는 것도 싫었고 머리 길이에 자유가 없는 것도 불편했다. 하지 말아야 할 것들이 사라지면 하고 싶은 것들을 마음껏 할 수 있으리라고 믿었다. 어른이 되면 삶의 정답을 알게 될 줄 알았다.

어른이 되었다. 선택할 것은 많아졌고, 그 수많은 선택들 앞에서 압도되었다. 무언가를 선택하는 데 있어 발생하는 두려움과 책임감이 나를 눌러오기도 했다. 결정에 대한 고통은 오롯이 내 몫이었다. 가끔은 어떤 선택도 하지 않고 지금 이 상태로 머무르고 싶다는 생각이 들기도 했다. 어쩌다 보니 어른이 된 사람들도 나 같은 마음이 들지 않을까 싶다. 어른이 되어도 우리는 미숙하고 여전히 넘어지며 갈 길을 몰라 헤맨다.

아울러 삶을 살아가다 보면, 거친 황무지 같은 전환기를 만나게 된다. 아무리 걸어가도 물 한 방울 나올 것 같지 않고, 어디로 어떻게 걸어가야 하는지 도저히 답을 찾을 수 없는 시기가 있다. 폭풍우가 몰아쳐서 지금까지 쌓아놓은 모든 탑은 산산조각이 나고 아무것도 남아있지 않게 된다.

내가 만나는 사람들 대다수가 인생의 전환기를 맞이한 이들이다. 오랜 시간 붙잡아왔던 신념들, 더 이상 본인에게 맞지 않은 생각을 벗어버리고자 몸부림친다. "왜 내게 이런 일이?"라며 외부 상황에 대해 분노하고 타인을 원망하는 단계에 머무르는 이들도 있다. 그러나 변화는 한 걸음 앞으로 다가왔고 예전과 같은 삶을 살 수는 없다. 잃어버린 것들에 대해서는 충분히 아파하고 애도하면서, 예전의 것들을 놓아버려야 한다. 가장 중요하게 생각했던 것들이 이제는 의미 없음을 깨닫고 하나씩 내려놓아야 한다.

새로운 정체성을 찾기 위한 과정은 매우 힘들다. 하지만 잠잠히 버텨내야 한다. 이겨내는 것이 아니다. 버티는 것이다. 지금 이 시간을, 이 삶을, 받아들여야 한다. 받아들임이 너무나 힘겹고 어렵다고 해도 말이다. 내 뜻대로 내 원대로 되지 않는다고 주문처럼 원망을 뱉어내는 일은 멈추어야 한다. 영원히 끝나지 않을 것만 같았던 이 시간도, 내가 온전히 버려야 하는 것이 무엇인지 내면의 메시지에 귀를 기울일 때, 비로소 내면의 소리가 들려오기 때문이다.

　인생의 전환기는 고통스럽지만 진정한 자신으로 거듭나기 위한 시기일
지도 모른다.

　이 글이 수없이 넘어지고 끊임없이 방황하는 사춘기 어른들과 함께하
길 원한다. 우리는 비록 부족하고 나약하지만 누구보다 소중하다. 나의
글이 누군가에게 따뜻한 온기가 되었으면 한다. 당신의 빛나는 모습뿐
아니라 어두운 모습까지도 온전히 받아들일 수 있었으면 좋겠다. 나를
사랑하지 못했던 과거의 나에게, 이제는 어른이 된 내가 위로를 전하며
토닥여줄 수 있기를 바란다.

마음달 심리학 개념설명

20p

☾ 동시성^{synchronicity}의 원리

어떠한 인과적인 관계가 없는 의미 있는 사건이 우연하게 동시에 나타나는 것을 말한다.

23p

☾ 담아두기^{containing}

비온^{Bion}의 담아두기^{containment} 개념은 어머니가 아이의 감당할 수 없는 불편한 정서를 흡수하여 견뎌내며 심리적으로 소화시켜 아이에게 돌려주는 심리 내적 차원을 말한다. 상담자가 내담자의 고통스러운 내적세계 안에 함께해 공격성과 불안을 담아주고 해석함으로써, 내담자는 견디기 힘든 내적세계를 회피하지 않고 수용하게 된다.

☾ 미러링^{mirroring}

행동을 그대로 모방하는 것. 상담자가 내담자의 내면세계에 공감해주고 반영하는 것을 말한다.

70p

☾ 리츄얼^{ritual}

종교적인 의식이나 의례. 일상에서는 의미 있는 행동이나 나만의 의식을 갖는 것을 의미한다.

185p

☾ 정서적 안전기지^{secure base}

보울비^{Bowlby}의 애착이론에서 나온 용어이다. 어린 시절의 엄마와 아이의 초기 상호작용은 내면화된 안전기지에 대한 내적인 표상을 제시한다. 초기관계에 어려움이 있는 내담자에게는 상담자가 새로운 정서적 안전기지가 되어 관계를 통해 안정감을 형성한다.

나는·
당신의 ·편이
되어줄·것이다

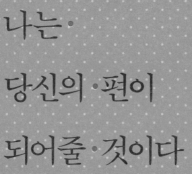

당신을·응원한다

나라도
내
편이
되어야
한다

초판 1쇄 발행 2017년 3월 2일
4쇄 발행 2021년 6월 2일

지은이 마음달
펴낸이 이광재

책임편집 김미라 **편집** 오지은
디자인 이창주 **마케팅** 정가현
영업 노시영, 허남

펴낸곳 카멜북스 **출판등록** 제311-2012-000068호
주소 서울 마포구 성지길 25 보광빌딩 2층
전화 02-3144-7113 **팩스** 02-6442-8610 **이메일** camelbook@naver.com
홈페이지 www.camelbooks.co.kr **페이스북** www.facebook.com/camelbooks
인스타그램 www.instagram.com/camelbook

ISBN 978-89-98599-30-0 (03180)